DANILO FIGUEIRA
Apresentação de Luciano Subirá

A
ARTE
da
RELEVÂNCIA

DANILO FIGUEIRA
Apresentação de Luciano Subirá

A
ARTE
da
RELEVÂNCIA

PRINCÍPIOS E VALORES

PARA O SUCESSO

PESSOAL E PROFISSIONAL

© 2024 por Danilo Figueira

1ª edição: fevereiro de 2024

Revisão
Francine Torres
Marcelo Santos

Diagramação
Aldair Dutra de Assis

Capa
Julio Carvalho

Editor
Aldo Menezes

Coordenador de produção
Mauro Terrengui

Impressão e acabamento
Imprensa da Fé

As opiniões, as interpretações e os conceitos emitidos nesta obra são de responsabilidade do autor e não refletem necessariamente o ponto de vista da Hagnos.

Todos os direitos desta edição reservados à
Editora Hagnos Ltda.
Rua Geraldo Flausino Gomes, 42, conj. 41
CEP 04575-060 — São Paulo, SP
Tel.: (11) 5990-3308

E-mail: hagnos@hagnos.com.br
Home page: www.hagnos.com.br

Editora associada à:

Dados Internacionais de Catalogação na Publicação (CIP)
Angélica Ilacqua CRB-8/7057

Figueira, Danilo

A arte da relevância: princípios e valores para o sucesso pessoal e profissional / Danilo Figueira. — São Paulo: Hagnos, 2024.

ISBN 978-85-7742-481-8

1. Vida cristã
2. Líderes — Ministério
3. Relevância — Aspectos religiosos
I. Título

23-6754   CDD 248.4

Índices para catálogo sistemático:
1. Vida cristã

Sumário

Dedicatória 7
Apresentação 9
Introdução 11

1. Ouse acreditar no que Deus diz a seu respeito 13
2. Lidere a si mesmo para influenciar outros 29
3. Faça do tempo um parceiro e não um algoz 45
4. Não troque a relevância pelo apelo da evidência 63
5. Pavimente seu caminho com lealdade e honra 79
6. Decida exagerar se o que você faz é para Deus 93
7. Considere o quanto vale e não o quanto custa 107
8. Viva para agradar a Deus e pessoas seguirão você 121
9. Destrave o sobrenatural com atitudes de fé 135
10. No mundo dos homens reconstruir é preciso 151
11. Se quiser viver em paz aprenda a superar 163
12. Sua missão é influenciar pessoas e fazer discípulos 177
13. Só crentes determinados podem mudar o mundo 193

Dedicatória

Dedico este livro às pessoas mais importantes da minha vida:

A Jesus Cristo, que por meio do seu Espírito revelou-me o amor do Pai, tirando-me da insignificância para dar-me a honra de servir a esta geração em seu nome. Qualquer relevância que eu tenha alcançado ou chegue a alcançar é "culpa" de sua graça.

À minha esposa Mônica, companheira fiel, paixão crescente do meu coração, inspiração, complemento e proteção que Deus me deu para que eu me tornasse um homem melhor. Por mais que eu me esforce, serei sempre um plebeu tentando viver à altura de uma princesa.

Aos meus filhos, Monique e Gabriel, discípulos mais preciosos que tenho, fontes de prazer e alvos das expectativas mais elevadas do meu coração. Se o que vivo na fé não influenciasse suas vidas, não haveria nenhum êxito em mim.

Aos meus pais, Figueira e Jane, responsáveis pelo ninho de amor onde cresci e para onde fujo de vez em quando. Ela, a intercessora incansável; ele, o espelho mais plano que eu poderia ter para entender o amor incondicional do meu outro Pai, que está nos céus.

Apresentação

Quanta honra eu sinto por introduzir essa mensagem que chegou às suas mãos! Na verdade, mais do que introduzir a mensagem, quero apresentar o mensageiro, uma vez que é muito difícil desassociar um do outro, especialmente quando falamos daqueles que proclamam as verdades celestiais.

Meu amigo Danilo Figueira tem credenciais de sobra para anunciar esta mensagem, por várias razões. Quero, porém, destacar apenas duas delas.

Em primeiro lugar, porque ele é um conhecedor da Palavra de Deus. Não se trata apenas de alguém que estudou as linhas gerais da teologia e ganhou algum tipo de credencial acadêmica. Danilo é um homem que ama e se alimenta das Sagradas Escrituras e demonstra isso de modo claro, não somente quando prega, mas em cada conversa, mesmo "fora da igreja". Ele transpira a Palavra de Deus e faz isso de um modo tão simples que a gente consegue enxergar muito além de sua própria capacidade. É fácil perceber tanto a graça de Deus como a ação reveladora do Espírito Santo manifestando-se em sua vida. Quem já o ouviu pregando sabe que ele é uma voz que ressoa muito além do seu rebanho, a Comunidade Cristã de Ribeirão Preto. Ele tem sido uma voz para o Brasil e para as nações.

Em segundo lugar, o autor tem as credenciais de ser alguém que vive o que prega. Cristão autêntico, íntegro, marido e pai exemplar, excelente pastor e líder, ele consegue ser um referencial de vida para muita gente, sem deixar de ser honesto quanto às suas limitações.

Quanto às chaves da arte da relevância que apresenta neste livro, sua vida faz coro com seus ensinos. Comprovadamente, a clareza de seu ensino bíblico está respaldada pela sua prática e aliada ao seu aprendizado pessoal desses princípios.

Dito isto, é com muita alegria que eu lhe encorajo a mergulhar na reflexão das verdades bíblicas contidas neste trabalho. Sou um admirador da graça que Danilo tem de sintetizar e comunicar com limpidez as verdades, seja fazendo uso do púlpito ou em suas postagens nas redes sociais. Por conta disso, fui um desses amigos "chatos" que ficaram incomodando esse profeta a descarregar na forma de livros o que o Senhor lhe conferiu. Isso me faz não apenas celebrar a chegada de *A arte da relevância*, como também outros títulos que estão a caminho.

Sou grato a Deus pelo dom e sabedoria que foram dadas ao meu amigo Danilo Figueira. Sou grato ao servo do Senhor por ter investido tempo na preparação deste material. E tenho certeza de que você também, ao concluir esta leitura, partilhará da mesma gratidão.

LUCIANO SUBIRÁ

Introdução

Deus não resgata ninguém para ser apenas mais um no seu reino. A relevância é intrínseca ao chamado cristão. Não importa o tipo de vida que tenhamos vivido nem a mediocridade da nossa jornada fora da fé, desde o dia em que fomos selados com a excelência do Espírito de Deus e identificados como seus filhos amados, perdemos o direito de ser pessoas comuns, ainda que sigamos sendo gente na Terra.

Viver uma vida diferente e, consequentemente, fazer diferença no mundo em que vivemos é a nossa missão. Tudo o que ficar aquém disso será mera religião. Tornar-nos relevantes, ainda que não sejamos evidentes, é o único resultado que honrará o investimento do Pai em nossas vidas.

A relevância cristã tem suas chaves. Ela passa por uma espiritualidade verdadeira, fruto de uma comunhão apaixonada com Deus. Depende de uma sujeição da nossa parte à vontade divina, da decisão de liderarmos a nós mesmos, vencendo as resistências internas que a carne nos apresenta e as propostas de desvio que a vida trará. Para fazermos a diferença, temos de aprender a nos relacionarmos com as pessoas e com as circunstâncias, de tal maneira que sejamos capazes de nos mantermos de pé e nos tornemos referência para quem não sabe o caminho.

Nos capítulos deste livro, proponho apresentar algumas das principais chaves que abrirão para nós as portas de uma vida relevante, conceitos extraídos exclusivamente da Palavra de Deus.

Cada reflexão o colocará diante de um espelho e o desafiará a rever ou consolidar conceitos essenciais.

Quer seja como fonte de meditação pessoal, ou como subsídio para ministrar a outros, minha oração é que Deus faça das próximas páginas um instrumento de despertamento da missão que, mais que uma responsabilidade, é destino honroso de todo aquele que aceita o chamado celestial.

CAPÍTULO 1

Ouse acreditar no que Deus diz a seu respeito

Há sempre uma grande distância entre a sublimidade do chamado de Deus para as nossas vidas e a nossa dignidade, assim como capacidade para assumi-lo. É comum ficarmos paralisados diante do desafio de representar o Todo-poderoso na Terra, tornando-nos relevantes a ponto de provocar mudanças ao nosso redor.

A verdade é que Deus nos investe de autoridade, não pelo fato de crer em nós, mas por crer em si mesmo. Tudo o que Ele nos propõe, o faz baseado no poder que opera em nós, e não na nossa capacidade de realizar. Afinal, onisciente como é, não estaria enganado a nosso respeito. "Ele conhece a nossa estrutura e sabe que somos pó" (Salmos 103:14).

O senso de inadequação que costumamos sentir diante da gigantesca tarefa de mudar o mundo é, na verdade, o requisito de que precisamos para nos encaixarmos no plano de Deus, pois, como asseverou o apóstolo Paulo,

> Ele escolheu as coisas loucas do mundo para envergonhar os sábios e escolheu as coisas fracas do mundo para envergonhar as fortes; e Deus escolheu as coisas humildes do mundo, e as

desprezadas, e aquelas que não são, para reduzir a nada as que são; a fim de que ninguém se vanglorie na presença de Deus (1Coríntios 1:27-29).

Sendo assim, eu e você, por não termos nada, temos tudo para sermos relevantes no mundo, por meio da graça.

O QUE DEUS INVENTA, ELE BANCA

Antes que eu te formasse no ventre materno,
eu te conheci, e, antes que saísses da madre, te
consagrei, e te constituí profeta às nações.
JEREMIAS 1:5

O receio tem impedido grande parte das pessoas de cumprir o chamado de Deus. Não são poucos os que vivem fugindo e outros tantos que, embora estejam no ministério, não o desempenham com sucesso porque não entenderam ou não se submeteram ainda ao que, de fato, ele significa.

É preciso quebrar a barreira dos argumentos humanos para que a autoridade de Deus flua em nossas vidas e cumpramos na Terra o propósito que Ele estabeleceu para nós. Não se pode admitir um verdadeiro cristão que não sirva a Deus, proclamando a Palavra e gerando frutos para o reino de Deus. Entretanto, muitas vezes nossa mente está cheia de bloqueios que impedem que essa verdade se estabeleça. Em João 15, Jesus diz que o Pai é glorificado na abundância dos nossos frutos e que a nossa produtividade espiritual nos identifica como seus discípulos. Mais adiante, Ele afirma que não fomos nós que o escolhemos, mas Ele nos elegeu e determinou que nossa vida fosse frutífera (veja João 15:8,16).

Ao observarmos a experiência de Jeremias, podemos compreender determinados conceitos que irão nos ajudar a sair dessa caverna de argumentos humanos e nos apresentar como profetas do Senhor nesta geração. Em Jeremias 1:4-10, temos o relato de como os argumentos da alma de um jovem chamado por Deus deram lugar à obediência. O que ele sente e fala reflete o que muitos de nós sentimos e falamos diante do desafio de sermos líderes de influência. O que Deus lhe responde é exatamente aquilo que o Espírito quer plantar em nosso coração para implodir os sofismas que nos prendem.

Se você é um daqueles que se sente intimidado diante do chamado, a primeira verdade que precisa tomar a sua mente é que seu ministério será estabelecido porque Deus falou algo a seu respeito. O verdadeiro chamado não nasce da vontade humana, mas de uma palavra de Deus.

O testemunho de Jeremias começa com a seguinte afirmação: "A mim me veio, pois, a palavra do Senhor..." (v. 4). Quando o que está no coração de Deus é verbalizado, um poder se desprende dele para operar o propósito.

Você pode não ser muito conhecido na Terra, mas no céu, seu nome já tem sido falado. Deus já disse algo a seu respeito!

Quando Paulo se apresentava, fazia questão de ressaltar essa verdade. Veja o que ele diz em Gálatas 1:1: "Paulo, apóstolo, não da parte de homens, nem por intermédio de homem algum, mas por Jesus Cristo e por Deus Pai, que o ressuscitou dentre os mortos". A certeza de que o ministério não era algo da sua cabeça ou fruto da sua ambição, mas de um desígnio divino, sustentou aquele homem nas duras provas que precisou enfrentar.

É bom guardar a consciência de que o seu ministério nasceu na eternidade. Desse modo, o chamado é o cumprimento de um desígnio eterno. Deus sempre o viu como um profeta, como um líder, como um mensageiro seu nesta Terra. Na verdade, você nasceu para esse fim! O que o Senhor falou a Jeremias também serve para a sua vida: "Antes que eu te formasse no ventre materno, eu te conheci, e, antes que saísses da madre, te consagrei, e te constituí profeta às nações" (v. 5).

Antes que alguém notasse você, o Senhor o separou! Como fez com Davi, Deus já se proveu de você. Ao enviar o profeta Samuel para ungir Davi, as palavras do Senhor foram: "Enche o teu vaso de azeite e vem; enviar-te-ei a Jessé, o belemita; porque, dentre os seus filhos, me provi de um rei" (1Samuel 16:1). Embora para os homens Davi fosse apenas um pastorzinho sem perspectivas, o Senhor já o via na perspectiva do trono de Israel.

Guarde isso em seu coração! Sua história até aqui é a sucessão dos capítulos de um livro escrito antes mesmo que você existisse. Circunstâncias e pessoas conspiraram, mesmo sem saberem, para que você pudesse assumir o seu lugar no reino e influenciasse o mundo a sua volta.

Talvez isso não pareça encaixar-se no perfil que você tem de si mesmo, mas abra o seu coração. Se você de alguma forma se sente inadequado, isso é um bom sinal. Deus escolhe gente pequena! Um verdadeiro chamado costuma produzir em nós um sentimento de inadequação, porque põe frente a frente a nossa humanidade com o caráter divino do ministério. Foi por isso que Jeremias, a princípio, reagiu com palavras do tipo: "Ah! Senhor Deus! Eis que não sei falar, porque não passo de uma criança" (v. 6).

Os grandes homens de Deus vivem debaixo desse sentimento de inadequação. Se você estudar as histórias de Moisés, Gideão, Simão Pedro, Isaías e tantos outros, perceberá isso, que todos eles se sentiram desconfortáveis na presença de Deus, antes de assumirem o chamado. E, na verdade, o melhor é que esse sentimento de fraqueza nunca se aparte completamente de nós, pois é ele que manterá viva a consciência da graça e a dependência.

Agora, veja bem, a partir do momento em que o chamado de Deus repercute em seu coração, você perde o direito de determinar destinos para a sua vida. Deus não faz sugestões. Ele dá comandos! Um chamado divino, quando revelado, nos coloca diante de uma escolha entre a desobediência e a fidelidade. As palavras do Senhor a Jeremias foram muito claras nesse sentido: "Não digas: Não passo de uma criança; porque a todos a quem eu te enviar irás; e tudo quanto eu te mandar falarás" (v. 7). Ou seja, a partir daqui, o Senhor "dá as cartas" na sua vida.

É bom estarmos inteirados de que Deus não nos chama para a zona de conforto. Obviamente, o ministério demanda um nível superior de guerra, pois passamos a ser agentes trabalhando contra o império das trevas, mas podemos estar seguros de que um respaldo divino é liberado sobre as nossas vidas na proporção da nossa missão. Foi isso que Deus quis fortalecer em Jeremias com a seguinte promessa: "Não temas diante deles, porque eu sou contigo para te livrar, diz o Senhor" (v. 8).

A rigor, Deus não nos envia a lugar algum. Ele vai conosco. O chamado tem sempre o caráter de uma parceria, uma sociedade na qual nós entramos com a fé e a obediência, e Ele entra com o respaldo de seu poder.

Talvez, até aqui, a dúvida ainda persista em seu coração. Você se olha no espelho e não vê ferramentas adequadas para ser um profeta, mas é preciso vencer o receio. Embora o jargão já esteja desgastado, Deus não chama os capacitados, mas capacita os chamados.

O testemunho de Jeremias é que "depois, estendeu o Senhor a mão, tocou-me na boca e me disse: Eis que ponho na tua boca as minhas palavras" (v. 9). Dali, aquele homem saiu para ser profeta do Senhor e cumprir o seu papel. Os argumentos da alma dele foram vencidos pela Palavra do Senhor, e ele pôde finalmente cumprir o que estava escrito a seu respeito desde a eternidade.

O PESO DO CHAMADO OU A ALEGRIA DA CONQUISTA?

Regressaram os setenta, possuídos de alegria, dizendo: Senhor, os próprios demônios se nos submetem pelo teu nome!
Lucas 10:17

Os temores que nos levam a hesitar quase sempre são decorrentes de um foco equivocado que praticamos. Miramos as possíveis dificuldades e perdemos de vista o senso de realização que uma conquista nos trará.

Depois de cumprirem sua tarefa, os setenta discípulos enviados por Jesus para uma missão evangelística voltaram "possuídos de alegria", diz a Bíblia. Essa é uma expressão bastante forte. Eu tenho visto crentes possuídos de muitos sentimentos, inclusive para o mal, mas estar tomado de gozo é fantástico. Numa outra tradução, lemos que aqueles homens voltaram "cheios de alegria", o que também aponta a intensidade do prazer que havia em seus corações após terem cumprido o desafio que o Senhor lhes propusera.

Às vezes, ficamos paralisados pelo medo ou pela timidez e não ousamos obedecer a Deus naquilo que Ele nos envia a fazer. Isso acontece porque consideramos os riscos em detrimento dos resultados. Pensamos negativamente, entregamo-nos aos argumentos de nossa alma como falta de capacidade, falta de tempo e coisas do gênero, e sequer tentamos fazer o que deve ser feito.

Lembro-me de como reagi na primeira vez em que alguém me sugeriu a possibilidade de um chamado ministerial. Eu era apenas um adolescente tímido, esboçando os meus primeiros passos no ministério da pregação, e meu pastor, percebendo algum potencial em mim, falou-me sobre aquela hipótese. A reação que brotou em meu coração foi de desconforto, até mesmo de certa raiva. Aquele homem parecia querer colocar um fardo sobre os meus ombros. Afinal, na minha ótica distorcida, ministério significava peso, sofrimento e responsabilidade, nada mais do que isso.

Hoje, três décadas depois desse fato e já servindo ao Senhor como pastor há tanto tempo, dou risada ao me lembrar da minha reação. Ela não fazia o mínimo sentido. Tendo vencido os sofismas que sitiavam minha mente, abri-me para a ideia, recebi o chamado, aceitei-o e o tenho cumprido com intensidade por muitos anos. Aquilo que antes me assustava ou aborrecia tornou-se uma das maiores fontes de prazer em minha vida.

Os desafios do ministério são enormes, mas não devem se tornar um jugo pesado sobre ninguém. Toda vocação verdadeira carrega consigo um senso de realização quando cumprida.

Temos muitos motivos para dizer "sim" ao chamado de Deus. O primeiro deles é honrarmos ao Senhor por meio da obediência. Certa vez Jesus confrontou algumas pessoas, indagando: "Porque me chamais Senhor, Senhor, e não fazeis o que vos mando?" (Lucas 6:46). Faz todo sentido, você não acha? Se Ele nos deu uma ordem, nós o desonramos em não lhe obedecer. Isso já deveria ser suficiente para nos mover. Nossa fé não pode ser apenas de palavras, mas de atitudes. A parábola que está em Mateus 21:28-31, do filho que tinha apenas retórica em contraste com o outro que na prática obedeceu, pode ampliar nosso entendimento sobre isso. Quem vive o segredo da obediência tem primazia no reino de Deus.

Não pense, porém, que o ministério é uma carga pesada que devamos suportar em nome da fidelidade. Embora tenhamos desafios e lutas ao empreendermos as conquistas do reino, o fato de sermos usados por Deus produz uma intensa alegria e resulta em senso de realização.

Aqueles setenta discípulos que Jesus enviou eram novos convertidos, não tinham até então nenhuma experiência no contexto de pregar o evangelho. A tarefa não foi simples. Eles encontrariam muito trabalho, pessoas difíceis, portas fechadas e resistências demoníacas. E o Senhor lhes avisara de que seria assim (ver Lucas 10:2,3,17). No entanto, eles não colocaram os olhos nas dificuldades, mas ousaram obedecer. E qual foi o resultado disso? Voltaram os setenta possuídos de alegria! Depois de terem enfrentado todas as adversidades e vencido seus próprios receios, eles estavam cheios de prazer, pois a sensação de ser um instrumento nas mãos de Deus é indescritível! E perceba que a experiência de voltar assim, plenos de gozo, não foi apenas de alguns, mas de todos os que obedeceram ao Senhor.

Quando você serve pelo prazer de servir, sua vida tem um poder sobrenatural. A responsabilidade pode nos manter de pé, mas a paixão nos fará correr! A alegria do Senhor é a nossa força (leia Neemias 8:10).

A Bíblia diz que o próprio Jesus "suportou a cruz em troca de uma alegria que lhe estava proposta" (leia Hebreus 12:2). O caminho dele foi difícil. A missão que Ele recebeu do Pai foi mais pesada do que a de qualquer outro homem, mas com os olhos colocados no resultado, numa noiva linda que Ele receberia como prêmio para sempre, nosso Amado inspirou-se e manteve-se fiel.

Por que a obediência gera tanto prazer? Em primeiro lugar, porque a colheita carrega consigo um sentimento de significância. "Quem sai andando e chorando, enquanto semeia, voltará com júbilo, trazendo os seus feixes" (Salmos 126:6). João testemunha isso de maneira veemente ao escrever: "Não tenho maior alegria do que esta, a de ouvir que meus filhos andam na verdade" (3João 1:4). Entre todas as sensações que aquele homem de Deus experimentara na vida, nada se comparava ao prazer de ver consolidados os frutos do seu ministério.

Pessoas que têm o coração no Senhor entusiasmam-se com os frutos. Veja o caso de Barnabé. Ele foi enviado pelos apóstolos de Jerusalém à Antioquia. Lá, num campo virgem, num tempo em que os crentes estavam sofrendo dura perseguição, ele viu muitas pessoas se convertendo. E qual foi a reação dele? "Vendo a graça de Deus, alegrou-se" (leia Atos 11:22-23). Homens e mulheres apaixonados por Deus têm prazer em ver a obra acontecer!

Apenas os que estão com o coração frio e dominado pelo egoísmo, como foi o caso do profeta Jonas (leia Jonas 3:10; 4:1), não participam desse gozo celestial que até os anjos experimentam quando pecadores recebem a salvação (leia Lucas 15:10).

Esse prazer tem muitos motivos. Além de nos sentirmos úteis nas mãos do Senhor e vermos que o nosso esforço teve recompensa, quando anunciamos o evangelho, servimos pessoas, fazemos discípulos e influenciamos com a vida de Deus o mundo à nossa volta, impondo terríveis prejuízos ao império das trevas. Os setenta voltaram entusiasmados para Jesus, dizendo: "Senhor, em teu nome até os demônios se nos submetem" (Lucas 10:17). E a resposta de Jesus foi mais impressionante ainda: "Eu via Satanás cair do céu como relâmpago" (Lucas 10:18). Ou seja, quando conquistamos territórios para o reino de Deus, não só os demônios que ali atuavam são vencidos, mas o próprio Satanás é golpeado! Isso não é uma vingança maravilhosa?! Nós, que um dia fomos fustigados pelo império das trevas e que vemos o Diabo produzindo tanta miséria ao redor, podemos estabelecer um triunfo contra ele e conquistar espaços que estavam em suas mãos!

O ministério tem um valor imensurável. Jesus disse àqueles discípulos fiéis: "Mas não vos alegreis porque se vos sujeitam os espíritos; alegrai-vos, antes, por estar o vosso nome escrito nos céus" (Lucas 10:20). Em outras palavras, termos o nosso nome escrito na lista de Deus, sermos os representantes legais do seu reino na Terra e agirmos em seu nome é um maravilhoso privilégio. Agora, imagine ainda sermos instrumentos para escrever o nome de outras pessoas lá no rol da salvação! Foi por isso que Jesus não se conteve ao encerrar aquele momento. Diz a Bíblia:

Naquela mesma hora, se alegrou Jesus no Espírito Santo e disse: Graças te dou, ó Pai, Senhor do céu e da terra, porque escondeste essas coisas aos sábios e inteligentes e as revelaste às criancinhas; assim é, ó Pai, porque assim te aprouve (Lucas 10:21).

Não podemos negar que há períodos de lágrimas no exercício do chamado. As resistências, as perdas e as decepções podem afetar o nosso coração e fazer-nos sofrer um pouco. Entretanto, cada capítulo da caminhada de um servo fiel terminará com uma experiência de vitória e uma impagável sensação de missão cumprida. E se esse desfecho não vier pela mudança do cenário, virá por um testemunho interior do Espírito Santo de que fizemos a coisa certa e por isso agradamos ao Pai. E no reino, o que mais vale não é uma série de resultados esperados, mas atitudes corretas.

Jesus prometeu:

> Em verdade vos digo que ninguém há que tenha deixado casa, ou irmãos, ou irmãs, ou mãe, ou pai, ou filhos, ou campos por amor de mim e por amor do evangelho, que não receba, já no presente, o cêntuplo de casas, irmãos, irmãs, mães, filhos e campos, com perseguições; e, no mundo por vir, a vida eterna" (Marcos 10:29-30).

O que essas palavras nos asseguram é que, embora o chamado envolva renúncias da nossa parte e resistência por parte dos nossos adversários, a própria vida nos devolverá de maneira multiplicada o investimento que fizermos.

Como se não bastasse tudo o que a nossa fidelidade pode trazer de retorno sobre nossa experiência terrena, ainda temos a promessa de um galardão eterno. Na verdade, mesmo quando não colhemos aqui e agora os resultados que buscamos em determinadas demandas, podemos ter a convicção de que, se fizemos tudo conforme o Senhor nos mandou, teremos um prêmio na eternidade, pois no Senhor nosso trabalho nunca é vão (leia 1Coríntios 15:58).

Embora vivamos numa sociedade imediatista, não podemos perder a visão da eternidade. Paulo, apóstolo do Senhor que enfrentou tantas dificuldades no ministério, apoiava-se nisto. Ele dizia:

> Porque a nossa leve e momentânea tribulação produz, para nós, eterno peso de glória, acima de toda comparação, não atentando nós nas coisas que se veem, mas nas que se não veem; porque as que se veem são temporais, e as que se não veem são eternas" (2Coríntios 4:17-18).

E mesmo quando se tornou clara a consciência de que sua vida na terra estava acabando, não havia peso em seu coração. Pelo contrário, uma expectativa pelo prêmio o alegrava:

> Quanto a mim, estou sendo já oferecido por libação, e o tempo da minha partida é chegado. Combati o bom combate, completei a carreira, guardei a fé. Já agora a coroa da justiça me está guardada, a qual o Senhor, reto juiz, me dará naquele Dia; e não somente a mim, mas também a todos quantos amam a sua vinda (2Timóteo 4:6-8).

SEU GRANDE TRUNFO É NÃO SER NINGUÉM

O publicano, estando em pé, longe, não ousava nem ainda levantar os olhos ao céu, mas batia no peito, dizendo: Ó Deus, sê propício a mim, pecador!

Lucas 18:13

Muitas vezes, nossa relutância em lançar-nos nos grandes projetos de Deus origina-se da consciência da nossa imperfeição. Já falhamos tanto na vida, que não nos sentimos dignos de um chamado celestial.

Sentir-me decepcionado comigo mesmo pode ser o indicativo do quão perto estou de Deus ou, pelo menos, do caminho que me leva à presença dele. Pode parecer estranho para alguns, mas a santidade em nossas vidas só é possível pelas vias de um constante arrependimento, e isso é real apenas quando nos envergonhamos de nós mesmos.

De uma forma geral, imaginamos que os homens santos são aqueles que vivem em paz, descansados em sua impecabilidade. No entanto, a ausência de conflitos internos costuma ser mais um sinal de estagnação ou mesmo de retrocesso em nosso relacionamento com o Senhor do que da ausência de erros a corrigir.

Quanto mais nos aproximarmos do Deus Santíssimo, mais profundamente a luz dele nos perscrutará. Se não encontramos carnalidade em nossas vidas, provavelmente isso seja mais um resultado da falta de luz do que da ausência de erros. Eles estão lá. Só não fomos iluminados o suficiente para que pudéssemos percebê-los.

Tudo é uma questão de referência. Quando nos observamos a partir do que fomos um dia, talvez nos sintamos santos e espirituais. A não ser que tenhamos saído dos trilhos ou Deus não tenha operado em nossas vidas, é isso mesmo que deve acontecer. Chegamos à presença do Senhor cheios de pecados grosseiros, que logo foram denunciados e tratados pela luz. Portanto, em relação ao que éramos, pode ser que tenhamos avançado muito e já apresentemos muitas marcas da ação do Espírito Santo em nossas vidas. O problema está em permitirmos que essas obras de justiça que já temos façam sombra em nosso coração, impedindo-nos de ver o que ainda não vimos.

Outra perspectiva equivocada é nos avaliarmos em comparação aos outros. Sempre haverá alguém com a carnalidade em evidência para nos fazer sentir as pessoas mais santas do mundo. Não é raro que nos tornemos até impiedosos para com aqueles que aparentemente não alcançaram frutos como os que temos em nossa vida cristã. Entretanto, essa é uma ótica distorcida e enganosa, que só aumenta o peso das nossas transgressões.

Em Lucas 13:9-14, Jesus contou uma parábola muito objetiva sobre esse assunto. Segundo o texto bíblico, O objetivo de Jesus era confrontar "alguns que confiavam em si mesmos, por considerarem justos, e desprezavam os outros" (v. 9). Os personagens são um fariseu e um publicano. Ambos subiram ao templo para orar, ou seja, queriam desenvolver um relacionamento com Deus.

As semelhanças entre eles pararam por aqui. A expressão "orava de si para si mesmo" (v. 11), usada para referir-se ao fariseu, é muito interessante e sugere algumas ideias. Em primeiro lugar, o ego do fariseu era enorme. Ele parecia sentir-se o centro do Universo. Tudo o que ele tinha a expressar diante de Deus eram suas aparentes qualidades e supostos direitos.

Ao abrir a boca, ele falava de si. para si mesmo. A oração dele não atingia o coração de Deus, não chegava ao céu por estar repleta de orgulho. As palavras daquele homem apenas reverberavam sobre sua própria alma, inchando-a ainda mais. Ele dizia: "ó Deus, graças te dou porque não sou como os demais homens, roubadores, injustos e adúlteros, nem ainda como este publicano" (v.11). Perceba que ele se comparava aos que apresentavam pecados grosseiros e aparentes em suas vidas e aí, sob esse contraste, sentia-se muito santo.

Seu engano se robustecia no fato de ele apresentar suas ações como prova de sua santidade. Ele gabava-se, dizendo: "jejuo duas vezes por semana e dou o dízimo de tudo quanto ganho" (v. 12). Com isso, suas obras de justiça faziam sombra em seu coração de modo que ele não enxergava seus pecados mais sutis, porém tão destrutivos quanto os que ele denunciava nos outros.

O publicano, por sua vez, "não ousava nem ainda levantar seus olhos ao céu, mas batia no peito dizendo: ó Deus, sê propício a mim, pecador" (v. 13).

Qual é a grande diferença entre esses dois homens? A perspectiva pela qual eles se avaliavam. Um, equivocadamente, comparava-se com outros homens; o outro, acertadamente, contrastava-se com Deus. Isso o levava a assumir a condição de pecador e a humilhar-se diante de Deus, clamando por misericórdia — o único argumento que realmente pode nos manter em pé na presença dele.

Jesus termina seu ensino dizendo que o publicano "desceu justificado para casa", e o fariseu não (v. 14). A grande questão entre eles dois era o sentimento que tinham a respeito de si mesmos. Um vivia orgulhoso de seus atos. O outro, decepcionado consigo mesmo, por isso clamava por perdão e por mudança.

Creio que aqui está uma importante chave para nossas vidas. Há muitas coisas em nós que, se investigadas à luz poderosa do Santíssimo, serão denunciadas como pecados. São sentimentos, motivações, pensamentos, reações, hábitos, insensibilidade e até mesmo atitudes grosseiras que estão fora da vontade de Deus, ainda que ninguém ou pouca gente as perceba. Contudo, basta nos posicionarmos sob a luz para percebê-las. E aí, decepcionados e envergonhados, quem sabe encontraremos o caminho para descermos justificados à nossa casa.

Os homens relevantes que Deus quer levantar não viverão em pedestais nem regerão a humanidade do alto do próprio seu orgulho. Desses, o mundo já está cheio! O modelo celestial é outro. Gente que se apresenta quebrantada na presença do Santíssimo, que anseia por mudanças à sua volta, mas que sabe que essas mudanças devem começar em seu próprio interior. Não são super-heróis da fé. São apenas homens que dependem da graça e, por essa razão, reconhecem que o seu grande trunfo é não ser ninguém e não merecer nada. Gente que vive na graça e que, pela graça, inspira outros.

CAPÍTULO 2

Lidere a si mesmo para influenciar outros

Todos nós, nascidos em Cristo, somos chamados a exercer influência. Mais do que pregar o Evangelho a toda criatura, o Senhor nos incumbiu de manifestar o reino dele e fazer discípulos.

Nossa missão primordial é levar o governo de Deus às pessoas e aos ambientes que fazem parte da nossa vida. Isso não é possível, a não ser que assumamos a responsabilidade de influenciar.

Obviamente, quando alguém se apresenta como modelo a ser seguido, atrai os olhares e o escrutínio dos outros. Porém, as pessoas não nos seguirão, a não ser que vejam em nós um estilo de vida que as inspire, que as desafie. Sendo assim, antes de sermos aprovados por essa avaliação alheia, precisamos nos autodominar, ou seja, liderar a nossa própria alma e vontade para que elas não nos tirem do propósito.

Suportar o peso do escrutínio, resistir às propostas indecorosas da vida e superar a resistência de quem não aceita o estilo de vida que propomos é uma batalha que vencemos interiormente. Não são as pessoas e as circunstâncias que nos ameaçam, mas os temores e descuidos do nosso próprio coração. Por isso, alguém que aceita o desafio de viver por Deus e para Deus neste mundo, liderando processos de transformação, precisa antes de tudo liderar a si mesmo.

SÓ OS INSIGNIFICANTES NÃO SÃO AVALIADOS

Já envelheci e estou cheio de cãs, e meus filhos estão convosco; o meu procedimento esteve diante de vós desde a minha mocidade até ao dia de hoje.
1Samuel 12:3

A essência da visão de Deus para sua igreja é a multiplicação de um modelo. O discipulado deve consistir em mais do que apenas treinar líderes. Ele é o processo pelo qual homens e mulheres fiéis se reproduzem, transferindo a visão e o caráter que têm. Para isso, o testemunho do líder, mais do que as suas habilidades, é a base do seu sucesso. Nossa relevância, portanto, passa pela missão de influenciar pessoas que, por sua vez, dependem da forma como vivemos.

Samuel é um dos melhores modelos de líder que encontramos na Bíblia. Ele terminou o seu ministério aprovado. Durante longos anos, foi juiz em Israel e governou o povo de maneira irrepreensível. Uma de suas características mais importantes foi a constante busca por levantar uma nova geração de líderes fiéis. Ele não queria perpetuar-se, mas reproduzir-se. Ele não pretendia levantar um reino pessoal. A identidade dele (que significa "seu nome é Deus"), assim como a identidade que deu aos próprios filhos, Joel (Yahweh é Deus) e Abias (Yahweh é Pai), demonstra o caráter de sua dedicação: apontar para o Senhor e levantar frutos que o glorificassem.

Samuel trabalhou para que seus filhos dessem continuidade aos seus passos e colheu decepção. Ungiu Saul, mas teve resultados parciais. Não desistiu, porém, até levantar uma geração que agradasse completamente ao Senhor, na figura de Davi.

Uma grande marca desse líder foi a sua disposição de mudar conforme a direção de Deus. Depois de servir como juiz por quase toda a sua vida, não se apegou à posição que tinha, mas trabalhou para levantar reis, conforme a ordem do Senhor.

No início do capítulo 12 de seu primeiro livro, Samuel faz uma avaliação do seu ministério junto ao povo ao qual serviu. As palavras de Samuel podem nos ensinar muito sobre o perfil de um líder aprovado.

O líder aprovado sabe ouvir, ou seja, não é alguém fechado em seu próprio entendimento (v. 1). Antes, ouve o seu rebanho e busca entender diante de Deus as reivindicações e carências apresentadas por ele.

Samuel ouviu o povo, sem abster-se de ouvir a Deus. Em 1Samuel 8:7, ele consulta o Senhor e recebe dele a instrução para ungir um rei. Assim, como grande líder que era, Samuel se mostra sensível ao clamor do povo (ainda que isso contrariasse suas expectativas de ver seus filhos dando continuidade ao seu ministério) e, finalmente, toma a decisão baseado no que ouve de Deus.

Você tem exercitado a ação de importar-se com o que as pessoas à sua volta têm a dizer? Você considera as reivindicações delas, mesmo quando batem de frente com as suas convicções?

Você sabe ouvir a voz de quem está ao seu redor, sem deixá-la substituir a voz de Deus em seu coração?

Outra grande verdade que tiramos dessa história bíblica é que o líder maduro é alguém capaz de avaliar seus próprios resultados e assumir até mesmo o ônus dos filhos que não seguiram os seus passos (v. 2a). Diferentemente de Eli, sacerdote do Senhor que tentou "tapar o sol com a peneira", encobrindo a indignidade dos de sua casa, Samuel não ignorou os erros dos seus filhos (leia 1Samuel 8:1-3). E mesmo tendo se decepcionado, não se negou a levantar uma nova geração de líderes para Israel. O fracasso na formação não o fez dissimular nem estagnar. Ele nunca abriu mão de levantar uma geração fiel ao Senhor, e o último grande feito de seu ministério foi ungir Davi, um "homem segundo o coração de Deus".

Aqui cabem alguns questionamentos: você tem se dedicado à formação de líderes ou apenas à manutenção de ovelhas? Você desenvolveu a capacidade de permanecer animado como um discipulador ou a falta de resultados tiram a sua força? Isso determinará o seu sucesso ou sua desistência.

O líder aprovado é também alguém que apresenta sua própria vida e testemunho perseverante como argumento para ser seguido, a despeito das decepções que tenha experimentado. Samuel teve a intrepidez de dizer: "Já envelheci e estou cheio de cãs, e meus filhos estão convosco; o meu procedimento esteve diante de vós desde a minha mocidade até ao dia de hoje" (v. 2). Aliás, o caminho de Samuel estava bem claro diante de todos, mas os filhos dele não quiseram andar por esse caminho.

Quando nossos resultados não são ainda o que nós esperávamos, precisamos ao menos do argumento de que a nossa vida é uma expressão de fidelidade. Se de fato somos boas sementes, mais cedo ou mais tarde o fruto bom aparecerá. O dramático é quando não geramos filhos fiéis porque o nosso caminhar não é fiel.

O líder aprovado aceita ser avaliado. Na verdade, ele busca essa avaliação:

> Eis-me aqui, testemunhai contra mim perante o Senhor e perante o seu ungido: de quem tomei o boi? De quem tomei o jumento? A quem defraudei? A quem oprimi? E das mãos de quem aceitei suborno para encobrir com ele os meus olhos? E vo-lo restituirei (v. 3).

Como Jesus fez ao perguntar sobre o que as pessoas e os discípulos diziam dele, Samuel se submeteu ao escrutínio do povo e elegeu áreas fundamentais no testemunho de um líder para serem medidas em sua vida: honestidade ("de quem tomei boi ou jumento?"), verdade e fidelidade ("a quem defraudei?"), exercício correto da autoridade ("a quem oprimi?"), incorruptibilidade ("de quem aceitei suborno para encobrir os meus olhos?") e disposição para assumir erros e repará-los ("e vo-lo restituirei").

Não é soberba. Esse homem se expõe como modelo e aceita o exame das pessoas à sua volta, justamente por admitir que ser fiel não passava de sua obrigação. Seu espírito é o mesmo de Paulo ao dizer: "Sede meus imitadores, como também eu sou de Cristo" (1Coríntios 11:1).

Vemos ainda nessa história que o líder aprovado é alguém que tem seu testemunho autenticado, não pelas palavras de sua própria boca, mas pelo conceito daqueles que o seguem: "Então, responderam: Em nada nos defraudaste, nem nos oprimiste, nem tomaste coisa alguma das mãos de ninguém" (v. 4). Samuel sabia quem era, mas não se privou do desafio de expor-se diante de seu povo para ouvir o que as pessoas pensavam a seu respeito. Não são as palavras da nossa boca que nos aprovam, mas o conceito que conseguimos formar ao longo do tempo no coração de quem nos segue.

O que acho mais maravilhoso nesse episódio é que o profeta invoca o testemunho de Deus a seu respeito: "E ele lhes disse: O Senhor é testemunha contra vós outros, e o seu ungido é, hoje, testemunha de que nada tendes achado nas minhas mãos. E o povo confirmou: Deus é testemunha" (v. 5). Ele sabe a diferença entre reputação e caráter, e busca ser aprovado nas duas perspectivas. Diante das pessoas, precisamos de reputação, pois é ela que nos dá credibilidade. Porém, diante de Deus, precisamos revelar um caráter aprovado, pois é daí que vem a nossa autoridade.

Samuel saiu dali deixando Saul, o novo rei, em evidência. Entretanto, seguiu como referência segura de fidelidade para todo Israel;

por meio de seu ministério, Davi chegou ao trono, levando a nação ao seu mais lindo período de glória.

Eu reconheço que o escrutínio dos outros é uma das coisas mais desconfortáveis na vida daqueles que aceitam o desafio da relevância. As críticas e avaliações alheias nem sempre são justas ou piedosas. Nossos resultados nem sempre são aqueles que todos esperavam, inclusive nós mesmos. No entanto, é preciso governar sobre nossas próprias almas e entender que o simples fato de termos aceitado a missão de influenciar pessoas nos coloca sob o olhar da multidão. O que faremos? Negaremos o chamado? Voltaremos ao lugar da insignificância para não sermos medidos por ninguém? Não! Um homem que pesa a responsabilidade e o privilégio de um chamado divino aceita as avaliações e assume a obrigação de continuar sendo um modelo para quem quiser ver.

NÃO TROQUE O CERTO PELO DUVIDOSO

> *Para que não haja algum fornicário ou profano como Esaú, que por uma vianda vendeu a sua primogenitura. Pois sabeis que quando ele ainda depois desejava herdar a bênção, foi rejeitado, porque não achou lugar de arrependimento, embora o buscasse diligentemente com lágrimas.*
> Hebreus 12:16,17

É comum que homens de Deus percam o lugar de significância por não governarem sua alma no meio das crises. Esaú, filho de Isaque, é um exemplo disso. Ele era o primogênito de seu pai e, como tal, tinha direito a uma bênção especial e a receber porção dobrada da herança em relação a seu irmão, Jacó.

Entretanto, perdeu esse direito e sofreu muitos prejuízos, porque num momento de provação, tomou a decisão errada.

Essa história pode nos mostrar o quão fácil é sair do propósito de Deus, trocando o certo pelo duvidoso. Para isso, seria bom se você lesse o texto de Gênesis 25:29-34.

O primeiro grande alerta deve se acender em nós quando o cansaço nos domina. A Bíblia diz que Esaú veio "esmorecido do campo" (v. 29) e isso certamente o tornou vulnerável. O cansaço e o estresse tiram o nosso equilíbrio. Quando estamos esgotados (excesso de trabalho e de preocupações, decepções acumuladas), devemos evitar tomar decisões sem ouvir Deus e nossos líderes. Sob pressão, estamos mais propensos a errar.

Muitas vezes, a estratégia do inferno é nos esgotar, levando-nos a despender a nossa energia em coisas infrutíferas ou apenas com os negócios deste mundo. Assim, quando menos esperamos, somos assaltados pelas tentações e não temos força para reagir.

Esaú estava assim, exaurido. Porém, nada teria acontecido se ele não desse ouvidos às propostas de seu irmão. Sempre haverá alguém sugerindo coisas capazes de tirar de nós o que temos de real valor. Satanás sempre tenta nos atrair para os seus atalhos. Se não guardamos nosso coração nos princípios da Palavra de Deus, certamente erraremos o caminho.

Nossos desejos e necessidades estarão sempre lutando para nos governar. Um cristão maduro, porém, é alguém que aprendeu a agir por princípios, e não por carências ou vontades. Precisamos construir as bases das nossas vidas sobre a solidez dos valores de Deus, estabelecidos e revelados em sua Palavra. Mais do que isso, precisamos andar na luz com nossos líderes espirituais, pessoas mais maduras do que nós que podem nos ajudar a discernir melhor as propostas que a vida nos apresenta. É sempre bom ouvir alguém que tenha firmeza em Deus e não esteja envolvido emocionalmente na situação, antes de tomarmos decisões sérias que afetarão o nosso futuro.

Esaú consultou apenas o próprio estômago. O guisado de Jacó entrou por suas narinas como a voz sedutora da serpente entrou pelos ouvidos de Eva, no Éden. Seus pensamentos foram amordaçados e levados cativos àquele prazer momentâneo.

Quando estamos fracos, não podemos nos expor. Jesus não aceitou conversar com o Diabo. Depois de quarenta dias no deserto em jejum, a sugestão para transformar pedras em pães era sedutora e venenosa, tornando a independência do Pai tentadora. Contudo, Jesus rechaçou: "Nem só de pão viverá o homem, mas de toda palavra que sai da boca de Deus" (Mateus 4:4). Quando estamos famintos, a melhor coisa a se fazer é não flertar com as possibilidades. Esaú preferiu chegar mais perto... Após ouvir as propostas do enganador Jacó, expôs-se ainda mais ao superdimensionar seus problemas. No versículo 32, ele diz: "estou a ponto de morrer".

É admissível que ele estivesse com fome e também com vontade de comer. A necessidade e o desejo se juntaram contra sua espiritualidade, mas ele exagerou no valor que deu ao que estava sentindo e acabou convencendo sua própria alma de que não podia esperar.

Cuidado quando o sofisma do "eu não aguento mais" quiser tomar do seu coração. Muitos jovens têm se entregado à promiscuidade e a relacionamentos errados por causa dele. Casamentos são desfeitos, ministérios abandonados e princípios quebrados na vida de muita gente boa por causa dessa mentira.

Nunca negocie os valores que Deus plantou em seu coração. Mesmo que você se sinta no limite, persevere em fazer a coisa certa. A Bíblia afirma que não nos sobrevêm tentação acima das nossas forças e que, junto com as provas, Deus nos dá o escape (leia 1Coríntios 10:13). Portanto, não pare de lutar. Na noite que Jesus andou sobre as águas para socorrer os discípulos, Ele os encontrou remando contra a tempestade, ainda que extenuados (leia

Marcos 6:48). Tenha certeza de que, antes de que as suas forças realmente se esgotem, o Senhor virá!

Esaú, entregando-se aos gritos de sua alma, disse: "De que me serve a primogenitura" (v. 32). Por essa frase, ele mediu o seu chamado no Senhor. O que ele queria era ter sua vontade suprida naquele momento, sem pensar que no futuro o respaldo de Deus lhe faria falta.

Nunca se esqueça da lei da semeadura: aquilo que semeamos hoje colheremos amanhã. Esaú tinha um guisado diante de si (um elemento natural) e a bênção da primogenitura (uma riqueza espiritual). Ao escolher o natural em detrimento do espiritual, ele desprezou o que Deus lhe havia dado por direito e acabou colhendo frutos terríveis dessa decisão.

É impressionante o que o escritor da carta aos Hebreus, já no Novo Testamento, diz. Seu alerta é para que nenhum de nós se torne impuro ou profano como Esaú. Foi assim que Deus o qualificou por suas escolhas. Pior, depois de ter tomado sua decisão carnal, não houve oportunidade de voltar atrás, embora com lágrimas ele buscasse um lugar de arrependimento.

A grande lição que tiramos daqui é a de que não vale a pena trocar o certo pelo duvidoso. Ainda que sejamos pressionados pelas necessidades ou estejamos a ponto de implodir por causa de nossos desejos, é melhor permanecermos firmes nos valores que nos remetem à eternidade.

Nossas decisões muitas vezes têm repercussões para o resto de nossas vidas e atingem também outras pessoas. A descendência de Esaú, os edomitas, foi alijada da história santa por causa da escolha de seu patriarca. Portanto, é melhor tomarmos decisões de acordo com o chamado e a Palavra. Afinal, uma paixão, um prazer, uma quantia de dinheiro a mais ou qualquer coisa desse mundo pode preencher o nosso coração por algum tempo, mas não pagará o vazio de um futuro medíocre.

APANHADO COM AS CALÇAS NA MÃO

> *Seguia-o um jovem, coberto unicamente*
> *com um lençol, e lançaram-lhe a mão.*
> *Mas ele, largando o lençol, fugiu nu.*
> MARCOS 14:51,52

O versículo bíblico transcrito expõe um episódio enigmático. Ninguém sabe exatamente quem é o personagem descrito, que foge nu quando a turba vem para prender Jesus e seus seguidores. Há motivos para crermos que se trata do próprio Marcos, escritor do Evangelho. Mas, independentemente de identificarmos quem viveu essa situação vexatória, esse registro inusitado não está na Bíblia por acaso.

O que vemos? Um jovem que passa do privilégio de seguir a Jesus à vergonha de, estando nu, abandoná-lo...

Muita gente vive essa terrível experiência, não no aspecto literal, obviamente, mas no espiritual. Num dia, é parte dos que seguem a Cristo. No outro, é lançada à vergonha e ao desprezo.

Várias sugestões brotam em minha mente quanto leio essa passagem bíblica. A primeira é que não podemos viver a vida cristã como quem se prepara para dormir. Infelizmente, a expectativa de muita gente ao abraçar a fé é "deitar-se eternamente em berço esplêndido", viver uma vida de tranquilidade e repouso. Entretanto, nosso chamado é para a prontidão, para os embates, para a guerra. Não é à toa que Paulo adverte:

> Desperta, ó tu que dormes, levanta-te de entre os mortos, e Cristo te iluminará. Portanto, vede prudentemente como andais, não como néscios, e sim como sábios, remindo o tempo, porque os dias são maus. Por esta razão, não vos torneis insensatos, mas procurai compreender qual a vontade do Senhor (Efésios 5:14-17).

Se você quiser repouso, procure uma religião. Se quiser seguir Cristo, prepare-se para os conflitos da cruz. Não há como seguir Aquele que veio para confrontar o mundo e não receber o impacto dos contra-ataques. Por isso, precisamos estar sempre alertas e prontos para o combate. Quem escolhe a passividade, quem vive um cristianismo de repouso e descompromisso certamente será envergonhado.

De certa forma, vestimo-nos de lençol quando não damos ouvidos às advertências da Palavra de Deus. Jesus avisou aos discípulos que as coisas iriam ficar feias. Havia advertido a todos para que vigiassem e orassem. Mesmo assim, o moço estava desfilando com um lençol, como se risco algum o ameaçasse.

Devemos considerar sempre a exortação da Palavra: "Sede sóbrios e vigilantes. O diabo, vosso adversário, anda em derredor, como leão que ruge procurando alguém para devorar" (1Pedro 5:8). Vestimo-nos de lençol quando achamos que nada vai quebrar a paz do nosso sossego religioso. É o que acontece quando nos preparamos apenas para as bênçãos; as tribulações nos pegam de calças curtas. Essa é a maior fragilidade dos crentes formados pelo "evangelho sem cruz", tão difundido em nossos dias.

Outra grande lição que encontro na história do jovem que fugiu nu é que os que se baseiam na aparência terminam humilhados. Esse discípulo usava um lençol em lugar de uma túnica. Ele apostou na aparência. Misturado à multidão, andando à noite, achou que ninguém o notaria. Esse é o sofisma em que muitos embarcam. E acabam descobertos!

No reino de Deus, o que parece, mas não é, não se sustentará para sempre. Nosso chamado é para a autenticidade, para a sinceridade, para a verdade. O que passa disso é a construção de um castelo de areia que desmoronará. Quando chega a provação, o que construímos sem consistência em nossa vida cairá por terra. Foi por isso que o apóstolo Paulo escreveu:

Contudo, se o que alguém edifica sobre o fundamento é ouro, prata, pedras preciosas, madeira, feno, palha, manifesta se tornará a obra de cada um; pois o Dia a demonstrará, porque está sendo revelada pelo fogo; e qual seja a obra de cada um o próprio fogo o provará" (1Coríntios 3:12-13).

É interessante notar que, quando os que vieram prender Jesus agarraram o jovem da nossa história, foi o lençol que ficou nas mãos deles. Quando o inimigo lhe ataca, a primeira coisa que ele vai segurar é o que não é verdadeiro ou legítimo em você. Satanás nunca perderá a chance de nos envergonhar e, quando ele vê algo em nós, é aí que investirá.

Outra grande lição: o dia da prova revela quem somos e como, de fato, estamos. Aquela era uma noite de tribulação. Se não fosse isso, o tal jovem poderia manter-se na aparência por mais algum tempo. Quando, porém, o inimigo vem contra nós (e ele vem!), ou estamos preparados, ou nossa carnalidade é revelada.

Muitos cristãos superficiais e até falsos cristãos têm vivido misturados à igreja, até que a tribulação revele quem é quem. A cruz é um divisor de águas. Ela fala de morte, de riscos, de choque de interesses com o mundo. Quando temos que decidir de que lado realmente estamos, nossa nudez ou nossa fidelidade é posta à luz. Jesus falou da semente que cai em corações superficiais: "A que caiu sobre a pedra são os que, ouvindo a palavra, a recebem com alegria; estes não têm raiz, creem apenas por algum tempo e, na hora da provação, se desviam" (Lucas 8:13).

Percebo que muitos se mostram nus quando sua relação com o líder deixa de ser glamorosa para ser provada. Pela primeira vez, Jesus se apresentou em um momento de fraqueza diante dos que o seguiam. Antes, andar com Ele era motivo de status. Agora, se tornara um perigo... Foi nessa situação que o jovem foi apanhado, em sua falta de preparo (e aliança). Tenho constatado isso como pastor ao longo dos anos. Muitos dos que nos seguem estão vestidos com lençóis. Enquanto é confortável e prazeroso, permanecem disfarçados, mas quando manter a aliança implica pagar um preço, fogem. E pior, a maioria termina desnudada em sua falta de compromisso.

Há mais uma grande advertência que discirno nesse episódio bíblico: o que realmente nos garante a honra é o que trazemos por dentro e não o que se vê por fora. O problema daquele jovem não era apenas o fato de ele vestir um lençol, mas de vestir apenas um lençol. Não havia nada por baixo. Mais séria do que sua aparência inconsistente era sua essência inexistente.

A nossa vida secreta com Deus é ainda mais importante do que nossa vida pública. É a santidade, o tempo de oração, a comunhão com o Espírito Santo, as virtudes que nem sempre podem ser vistas pelos homens que nos garantem vitória nos tempos de provação. Em outras palavras, o que está por baixo do visível é a única coisa que pode nos dar segurança. O que somos no escuro, quando ninguém está vendo, é o que nos garantirá vitória quando formos expostos à luz.

Paulo tinha uma consciência tão nítida dessa verdade que escrevia coisas do tipo:

> Não nos recomendamos novamente a vós outros; pelo contrário, damo-vos ensejo de vos gloriardes por nossa causa, para que tenhais o que responder aos que se gloriam na aparência e não no coração" (1Coríntios 5:12) e "porque a nossa glória é esta: o testemunho da nossa consciência, de que, com santidade e sinceridade de Deus, não com sabedoria humana, mas, na graça divina, temos vivido no mundo e mais especialmente para convosco (2Coríntios 1:12).

A Bíblia fala várias vezes da necessidade de sermos revestidos (e não apenas vestidos). A vida cristã precisa ser reforçada por experiências mais profundas. Nossa imagem pública pode ser maculada, mas quando nosso caráter nos sustenta, não somos envergonhados. Nossa reputação diante dos homens pode até ser abalada por uma calúnia ou uma má interpretação a nosso respeito, mas se nossa fidelidade nos aprova diante de Deus, Ele sairá em nosso favor.

CAPÍTULO 3

Faça do tempo um parceiro e não um algoz

Há duas palavras gregas traduzidas na Bíblia como "tempo": *chronos* e *kairós*. A primeira se refere ao tempo dos homens, contado em minutos, horas, dias, anos... A segunda se refere ao tempo de Deus, a ocasião oportuna, o momento supremo.

A grande conquista da sabedoria é discernir o *kairós* no meio do *chronos*, perceber a ocasião em que o Senhor quer fazer algo ou simplesmente "ler" os seus movimentos espirituais enquanto a vida passa naturalmente diante dos nossos olhos.

Para sermos relevantes neste mundo, precisamos entender o tempo, respeitá-lo, usá-lo como mestre e parceiro. Embora ele sempre pareça ameaçar-nos nesta passagem rápida da nossa vida natural, dizendo-nos a cada dia que o nosso "fim" se aproxima, é possível transformar essa pressão em arma a nosso favor. Afinal, em Cristo, o "fim" é apenas o começo. Para aqueles que herdarão a vida eterna, haverá o momento em que o *chronos* se converterá num *kairós* eterno.

Enquanto isso não acontece, precisamos saber discernir. A vida nos trará oportunidades fantásticas e necessidades de mudança. Se não as percebermos, estaremos apenas gastando esse recurso precioso chamado tempo que, uma vez perdido, nunca mais poderá ser recuperado.

MAIS SÁBIOS E NÃO SOMENTE MAIS VELHOS

Ensina-nos a contar os nossos dias, para que alcancemos coração sábio.
SALMOS 90:12

O tempo é um grande desafio para nós. Quando somos novinhos, desejamos que ele passe rápido. A partir de certa idade, nos assustamos com a sua velocidade. Diante de sua aparente tirania, alguns se desesperam, outros se entregam passivamente como se nada tivessem a fazer.

Do ponto de vista de Deus, porém, o tempo pode ser uma fonte de sabedoria e propósito para as nossas vidas. Ele o colocou como marco para as nossas realizações, dividiu a vida em ciclos e estabeleceu segredos que só a contagem dos nossos dias pode nos revelar. Se os descobrirmos, alcançaremos um coração sábio e faremos do tempo um aliado da nossa realização. É por isso que o salmista diz: "Ensina-nos a contar os nossos dias, para que alcancemos coração sábio".

Essa é a expressão central do salmo de Moisés (um homem que viu o tempo se submeter ao propósito de Deus em sua vida). A ideia é: se aprendermos com o Senhor a lidar com o passar dos dias, seremos tomados da sabedoria celestial e viveremos bem neste século e no porvir.

Vamos compreender algumas verdades embutidas nesse salmo e que, de certa forma, já são uma resposta a essa exclamação central.

A primeira verdade que me salta ao coração é que nenhum de nós é o centro do universo, mas parte importante de um plano eterno que flui de uma geração para a outra. Ao dizer "Senhor, tu tens sido o nosso refúgio, de geração em geração" (Salmos 92:1), Moisés revela a consciência de que nossa vida é uma sequência, um desdobramento do que Deus fez em gerações passadas e um elo do que Ele vai fazer nas gerações vindouras. Em outras palavras, vivemos hoje desfrutando do que foi semeado na história antes de nós e semeando aquilo que as próximas gerações irão desfrutar.

Vislumbrar a vida dessa forma é maravilhoso, pois desperta em nós a gratidão pela história que nos abençoou. Estamos colhendo aquilo que não plantamos! A bondade de Deus nos tornou herdeiros de uma riqueza insondável na fé. Nossos pais espirituais entesouraram para nós aquilo que nunca poderíamos adquirir em nossa curta existência.

Não começamos do zero. Gerações tremendas prepararam nosso caminho e hoje esta "grande nuvem de testemunhas" nos inspira a seguir (leia Hebreus 12:1).

Os que preservam essa consciência semeiam para além de suas próprias vidas e não veem o tempo como um algoz. Nossa peregrinação nesta terra toma outra dimensão quando vivida sob a perspectiva do "de geração em geração". Isso me diz que o que eu faço aqui, em Deus, não termina comigo, mas tem sequência no futuro além de mim.

A segunda grande verdade desse salmo é que viver sob a égide do pecado torna o tempo um grande algoz. Dos versículos 4 ao 11, Moisés mostra quão rápida e desgraçada é a existência humana nas garras do pecado. Leia o texto bíblico e veja a seguinte conclusão: não vale a pena viver assim!

O pecado torna a existência da vida humana uma tormenta e faz com que seus dias se resumam a sofrimento e peso. Para o que escolhe viver de costas para Deus, os anos passam rápido e cheios de dores. No lugar de desfrutar dos tesouros herdados de geração em geração, o homem que assim o faz vive sob as consequências de sua rebelião e talvez, quando despertar, já seja tarde demais.

Por outro lado, a vida vivida sob o brilho da face de Deus pode tornar-se uma experiência de alegria e restituição. O clamor de Moisés no versículo 13 deveria ser o clamor da "virada" na vida de todos nós: "Volta-te, Senhor! Até quando?". Ele representa a necessidade de buscarmos a face de Deus, de atrairmos sua atenção, pondo fim à vida vivida sem propósito e sob a maldição do pecado.

Segundo as palavras do salmista, a compaixão e a benignidade do Senhor podem tornar todos os nossos dias em dias de júbilo e celebração. Quando nos encontramos com Deus, um prazer sobrenatural é liberado sobre nós, a despeito das lutas. E mesmo as perdas do tempo da ignorância podem ser sobrepostas pela restituição quando no meio dos nossos dias buscamos a Deus. No versículo 15, Moisés ressalta a possibilidade de termos nossas aflições e adversidades do passado substituídas pelo prazer da restauração: "Alegra-nos por tantos dias quantos nos tens afligido, por tantos anos quantos suportamos a adversidade".

O fim de uma vida que aprendeu em Deus a lidar com o tempo é a confirmação dos seus frutos. Ao clamar pela graça de Deus para que os resultados de seu trabalho fossem confirmados, no versículo 16, Moisés está apontando para o propósito de nossa existência terrena: trabalhar por frutos que glorifiquem ao Senhor e coroem nossa caminhada: "Seja sobre nós a graça do Senhor, nosso Deus; confirma sobre nós as obras das nossas mãos, sim, confirma a obra das nossas mãos".

Nosso trabalho alcança êxito quando nasce do trabalho de Jesus Cristo na cruz, ou seja, da graça, e busca revelar a glória de Deus à geração vindoura. Quando aprendemos a viver assim, olhando para trás e baseando-nos no que foi conquistado por Cristo; olhando para frente e entendendo que há uma glória a ser revelada aos nossos filhos, trabalhamos na fé de que a obra de nossas mãos será confirmada e não se perderá.

HÁ UMA HORA DE VIRAR A PÁGINA

> *Disse o Senhor a Samuel: Até quando terás pena de Saul, havendo-o eu rejeitado, para que não reine sobre Israel? Enche o teu vaso de azeite e vem; enviar-te-ei a Jessé, o belemita; porque, dentre os seus filhos, me provi de um rei.*
> 1Samuel 16:1

Uma das qualidades mais essenciais na vida de um líder é a capacidade de encerrar capítulos e perceber coisas novas que Deus quer fazer. Embora a maioria de nós tenha a tendência de apegar-se ao que custou um alto preço para ser construído, a vida com o Espírito Santo é repleta de desafios à novidade. Se não aprendermos a perceber os passos de Deus e mover-nos na dinâmica da vontade divina, podemos perder o bonde da história.

Samuel viveu o drama de ter de se desprender do passado para viabilizar o futuro que estava na mente do Senhor. Enquanto o velho governo se deteriorava na figura de Saul, Deus estava preparando uma nova geração por detrás das malhadas. Davi era ainda um menino desconhecido, irrelevante até mesmo para sua família, mas nele o Senhor já havia se provido de um rei para um novo tempo, cujas conquistas seriam sem precedentes.

Chegou finalmente o momento de virar a página e começar outro capítulo. Contudo, como sempre faz, o Senhor precisava de um homem fiel que desse o *start* em todo esse processo. Naquele contexto, a pessoa-chave era Samuel.

A palavra que veio ao profeta começa com uma pergunta cheia de inquietação do céu: *"Até quando?"*. Samuel precisava perceber que o tempo de Saul havia terminado e que era hora de deixá-lo para trás com todos os argumentos que ele apresentava.

Entenda, Samuel tinha um apego sentimental a Saul, o que podia atrasar ou até mesmo impedir o novo mover de Deus. Mais do que isso, provavelmente a figura de Saul se tornara uma nódoa de decepção na alma do velho profeta. Ele era fruto do seu ministério e havia começado tão bem, mas erros repetidos o colocaram no rol das frustrações. Quem sabe então, Samuel estivesse vivendo na acomodação do *status quo*, olhando para trás e pensando: "ungir reis não vale a pena, não funciona muito bem...".

Muitos de nós, líderes na Casa de Deus, estão assim, cheios de argumentos para não ousar mais, passivos, marcando passo, satisfeitos com o pouco que temos, esquecidos dos sonhos que um dia povoaram nosso coração. A pergunta do Senhor para nós é: "Até quando?". Até quando nos submeteremos aos argumentos de nossa alma? Até quando choraremos as tentativas frustradas como se elas fossem uma sina pronta para se repetir? Até quando insistiremos em não assumir e perseguir alvos ousados? Até quando teimaremos com pessoas, estruturas e estratégias que não cooperam mais com o propósito de Deus?

O Senhor já se mostrava impaciente. Samuel teria de se desprender do passado e sair em busca de um novo tempo. Uma unção fresca estava disponível, e a ordem era: "Enche o teu vaso de azeite!" Sim, o azeite envelhecido de Saul não servia mais, os velhos argumentos precisavam ser descartados para dar lugar a um novo poder celestial.

Nossa mente precisa ser formatada vez por outra. Sabe aquele computador que depois de um tempo de uso se tornou lento e pesado, ineficaz para as tarefas que deveria cumprir? Em seu disco rígido, foram acumulando-se não só informações úteis, mas restos de arquivos obsoletos, vírus enviados não sei de onde e tanto lixo digital que a única maneira de fazê-lo voltar aos velhos tempos de produtividade é formatar seu HD, apagar tudo o que lá está e começar do zero.

Nós precisamos passar com frequência por esse processo em Deus. Até quando esperaremos? Talvez tenha sido esse sentimento de pressa que levou Paulo a escrever em Romanos 12:1-2:

> Rogo-vos, pois, irmãos, pelas misericórdias de Deus, que apresenteis o vosso corpo por sacrifício vivo, santo e agradável a Deus, que é o vosso culto racional. E não vos conformeis com este século, mas transformai-vos pela renovação da vossa mente, para que experimenteis qual seja a boa, agradável e perfeita vontade de Deus.

É interessante que para cada novo momento na vida de um líder, há uma nova unção disponível. O azeite que Samuel deveria levar à casa de Jessé era fresco. E ele deveria tomar a iniciativa e prover-se dele, enchendo o chifre que lhe servia como recipiente.

A melhor maneira de vivermos em sintonia com o tempo de Deus (*kairós*) é mantermos plena comunhão com o Espírito Santo. Ele que perscruta as profundezas do Senhor pode nos preparar para as mudanças que precisaremos não somente aceitar, mas deflagrar.

A grande verdade é que quando Deus nos ordena a começar algo novo, Ele já terá preparado o cenário para que tenhamos êxito. Ou seja, o que é início para nós é continuidade para Ele.

Quando Samuel chegou à casa de Jessé, embora ninguém tivesse notado, um rei já estava pronto, forjado pelo Senhor no anonimato dos apriscos. E se Samuel não tivesse deixado Saul e suas más escolhas para trás, aquela bênção chamada Davi não teria como vir à tona.

Lembro-me de muitas ocasiões em que fui desafiado a deflagrar algo novo da parte de Deus. Numa delas, Ele ordenou convocar a igreja da cidade em que eu pastoreio, Ribeirão Preto, para trinta dias de jejum e confissão de pecados. Uma nuvem de culpa acumulada por um século e meio pesava sobre aquele lugar e Deus me convencera de que era preciso removê-la para que seu reino se manifestasse. A princípio, não gostei da tarefa. Eu precisaria reunir pastores de diversas vertentes para compartilhar uma direção profética que eu não podia ter certeza de que seria crida e acatada. Era mais cômodo permanecer quieto no meu canto. Entretanto, depois de procrastinar por alguns meses, o "até quando?" do Senhor me pôs no canto da parede. Ele me disse claramente que tinha pressa em agir e, caso eu não ousasse obedecê-lo, levantaria outro em meu lugar.

"Oprimido" por Deus, reuni todos os pastores que consegui e compartilhei a palavra. Qual não foi a minha surpresa ao perceber que o que trazia o peso de uma novidade para mim já vinha sendo trabalhado pelo Espírito na vida daquelas pessoas! Os pastores presentes naquela reunião não apenas aceitaram unanimemente a direção profética que eu trouxera, como muitos testificaram que o Espírito já lhes vinha compartilhando sentimentos semelhantes.

Como consequência daquela manhã profética, um mover foi deflagrado em nossa cidade como nunca antes em sua história. Por trinta dias, a maior parte do povo de Deus, nos diversos templos e ministérios, apresentou-se com jejuns, humilhação e confissão de pecados pessoais, da igreja e da cidade. Vários pastores, por uma influência do Espírito, passaram a subir aos púlpitos descalços, em sinal de humilhação. Outros rasparam suas cabeças. Enfim, de todas as formas e por meio de muitas atitudes espontâneas, a igreja humilhou-se perante o Senhor.

O resultado daquele tempo foi inesquecível. Vivíamos uma crise de violência na cidade, com em média um homicídio a cada dois dias, um absurdo para o porte de Ribeirão Preto. No entanto, tendo a igreja jejuado e orado por exatos trinta dias, na manhã seguinte os jornais anunciaram a manchete; "Depois de muitos anos, Ribeirão Preto tem trinta dias sem registrar um homicídio sequer!" Deus havia fechado a boca da morte violenta em sinal de aprovação ao nosso clamor! E um ano e meio depois, a imprensa noticiava que, das cidades de quinhentos mil habitantes para cima, naquele período (desde o jejum), Ribeirão tinha sido a de maior decréscimo das taxas de criminalidade em todo o Brasil.

As consequências foram além desse fato extraordinário. Desde então, um crescimento nunca provado antes foi liberado sobre as igrejas e o avanço do reino de Deus ganhou outra proporção. Tudo a partir da decisão tomada sob pressão, reconheço, de obedecer à voz do Senhor e começar algo novo, quebrando paradigmas e dando vazão à agenda do céu.

AGARRE-SE À CHANCE QUE DEUS LHE DÁ

Ficou a arca do Senhor em casa de Obede-Edom, o geteu,
três meses; e o Senhor o abençoou e a toda a sua casa.
2 SAMUEL 6:11

Israel estava em trevas. Os inimigos haviam levado a arca do Senhor, que representava a própria presença de Deus no meio do seu povo. Por longos anos, ela estivera na mão dos filisteus. Não obstante, o rei Davi resolveu trazê-la de volta ao assumir o trono. O problema é que ele tentou fazê-lo à sua própria maneira e não à maneira de Deus.

Em Perez-Uzá, Deus deixou claro que não se pode trazer sua presença sob a vontade da carne. Davi havia preparado um carro novo para levar a arca, não atentando para o fato de que a glória de Deus e a santidade andam juntas. Ao desprezar a ordem divina de que a arca deveria ser conduzida sobre os ombros dos sacerdotes, ele colheu juízo. Por isso, Uzá tombou naquele lugar. Um homem morreu ao tocar indevidamente na arca e aquilo foi um gesto de Deus batendo a mão na mesa e dizendo: "Se vocês me querem, tem de ser do meu jeito".

Hoje, muitos estão fazendo a opção de Uzá, buscando um evangelho "light", sem peso nos ombros, sem princípios, sem sacrifício. O Senhor não está nisso! As pessoas, de forma geral, querem a presença de Deus, mas não querem pagar o preço para tê-la. Quase confundem espiritualidade com supersticiosidade e tratam a *Shekinah* como se fosse um amuleto. Fazem carros novos para a arca, quando ela deveria ser levada sob os ombros.

Aquele era um momento de grande responsabilidade e extrema oportunidade. A presença do Senhor, que por tanto tempo estivera longe, agora estava ali, disponível. Um avivamento estava prestes a acontecer em Jerusalém, mas quem pagaria o preço por ele? Foi então que Obede-Edom entrou na história, um homem disposto a não perder aquele momento. Quando ninguém queria arriscar-se num compromisso tão radical com Deus, ele abriu as portas de sua casa e decidiu ser o modelo que aquela nação precisava.

Embora a Bíblia não fale muito sobre Obede-Edom, há uma pergunta que não se cala em meu coração: por que Deus o abençoou tanto enquanto sobre o bem-intencionado, mas descomprometido Uzá, trouxe morte?

Eu creio que o Senhor se agradou de Obede-Edom porque ele demonstrou atitude e decidiu não perder a oportunidade de mudar a história de sua vida e de sua família. Muitas pessoas, como o jovem rico que se encontrou com Jesus e rejeitou seu chamado, apegado que estava às coisas materiais, perdem a chance de entrar no "script" de Deus ao mostrarem-se titubeantes diante de uma proposta de compromisso radical com a fé. Assim, acabam extraviando-se na vida. Obede-Edom, não. Ele decidiu que aquela era a sua grande chance de sair da mediocridade e, assim, comprometeu-se com ela.

Algo que me chama a atenção é o fato de que a identidade natural dele apontava para uma vida de problemas. Seu nome significa "servo de Edom", e os edomitas eram um povo amaldiçoado, descendentes de Esaú, filho de Isaque que vendera seu direito de primogenitura por um prato de repasto. Mais do que isso, a Bíblia diz que ele era um geteu. Isso pode ser uma referência a Gate, terra natal de filisteus como Golias, ou mais provavelmente a Gate-Rimon, cidade levítica da terra de Dã. Então, ou ele era um cananeu sem raiz espiritual (penso ser improvável), ou um levita sem a presença do Senhor. No entanto, Obede-Edom, fosse quem fosse, resolveu não perder a chance de mudar de vida.

Por entender assim, ele abriu a porta de sua casa e envolveu sua família no propósito de receber ali a presença do Senhor. Diante do que havia ocorrido (a morte de Uzá, por tratar a arca de uma maneira leviana), este homem poderia simplesmente manter a porta de sua casa fechada e não "arriscar" a integridade de sua família, mas de alguma maneira ele sabia que o ambiente familiar é o predileto da glória de Deus.

Nós precisamos fazer de nossos lares um lugar para a glória de Deus. Tem de haver altares em nossa intimidade. No entanto, é bom nos lembrarmos de que, quando abrimos a porta da nossa casa para receber a arca, todos estarão olhando para lá. Não é possível viver um evangelho de incoerências. Precisamos viver o que professamos,. Toda a nação, desde o rei até os menores servos, estava atenta à casa de Obede-Edom e, no final de três meses, todos ouviam falar de sua prosperidade por causa da arca.

Sabe por que isso aconteceu? Porque esse homem conhecia as implicações de ter a glória de Deus dentro de sua casa e as aceitou.

Ele organizou o seu ambiente familiar em torno da arca, submetendo-se às regras de Deus para ser abençoado.

O caso de Uzá, tão recente, demonstrava que o Senhor não se converte à maneira dos homens de tentarem servi-lo. Podemos deduzir que, se a presença de Deus destruiu Uzá, mas abençoou a Obede-Edom, foi porque o segundo fez as coisas como o Senhor queria.

Deus está chamando para uma aliança aqueles que realmente querem a sua glória. Não é mais tempo de brincarmos de igreja. De Deus não se zomba! Seu chamado para nós envolve vivermos um verdadeiro avivamento, mas a porta se chama sacrifício, entrega, cruz.

O evangelho "light", do descompromisso, da improdutividade, da irreverência, do carro novo, não trará a glória do Senhor para as nossas vidas e para o nosso povo. Ao contrário, pode trazer juízo. O que precisamos agora é decidir oferecer os nossos ombros e fazer da presença do Eterno o centro da nossa vida.

A marcas das bênçãos de Deus sobre Obede-Edom e sua casa, em resposta ao seu comprometimento, seu zelo e sua fé, foram tão evidentes que viraram notícia em Israel e o rei Davi recobrou ânimo para levar a arca à Jerusalém. A experiência de um homem, de uma família, repercutiu sobre todo um povo.

Quando finalmente o rei de Israel veio com os sacerdotes a fim de levar a arca do Senhor para Jerusalém, não houve resistência em Obede-Edom. Ele sabia que a bênção que mudara a história de sua casa precisava estender-se para toda a nação. Então, sabe o que Obede-Edom fez quando não podia mais tê-la em sua casa? Seguiu a arca! Vemos o seu nome tempos depois sendo citado em outras ocasiões como um homem cada vez mais comprometido com Deus: Em 1Crônicas 15:17-18, ele aparece como um porteiro do santuário. Mais adiante, nos versículos 19 a 21, ele é um músico adorador. No versículo 24, ele já é apontado como guardião da própria arca. Em 1Crônicas 16:4-5, o vemos como um dirigente da adoração. Nos versículos 37 e 38, ele é um líder na casa do Senhor, responsável por sessenta e oito ministros. Em 2Crônicas 25:24, lemos que ele se tornou o tesoureiro responsável pelas riquezas da Casa de Deus. Ou seja, esse homem nunca mais parou de crescer em sua vida com o Senhor. Ele se agarrara de vez à chance que Deus lhe deu.

QUANDO NÃO FAZER NADA É O PIOR A SE FAZER

Se te calares agora, de outra parte se levantará para os judeus socorro, mas tu e a casa de teus pais perecereis; e quem sabe se para esta hora fostes elevada a rainha?
ESTER 4:14

As situações de conflito são um terreno fértil para semearmos o nosso testemunho e demonstrarmos o poder e o amor de Deus. Omitir-nos nas horas de crise pode resultar em muito prejuízo para quem nos cerca, e também para nós.

Há momentos em que Deus nos levanta para operarmos a salvação, para sermos instrumentos de libertação e manifestarmos sua glória. Tempos difíceis podem ser tempos de grande colheita!

Ester viveu num contexto assim. Seu povo estava sob escravidão e ameaça, mas Deus a colocara como esposa do rei Assuero a fim de livrar os judeus. Ela corria um grande risco, mas precisava enfrentá-lo. Apresentar-se diante do rei sem ser chamada era um ato que poderia ser punido com a pena de morte, mas esta era a única maneira de livrar o seu povo do que seria um grande genocídio.

O instrumento que o Senhor usou para fortalecer o coração de Ester na direção correta foi seu primo Mordecai. Ele trouxe argumentos tão contundentes à alma da rainha, que ela não teve como esquivar-se.

As palavras de Mordecai podem direcionar também o nosso coração. Muitas vezes estamos inseridos em situações nas quais a atitude mais fácil é a omissão. Ainda assim, como agentes do reino de Deus no mundo, precisamos entender que prestaremos conta, tanto do que fazemos, quanto do que deixamos de fazer. "Aquele que sabe que deve fazer o bem e não o faz nisso está pecando" (Tiago 4:14).

Uma postura covarde pode trazer consequências sobre nosso futuro e nossa casa. Este foi o primeiro argumento de Mordecai a Ester: "se te calares agora... tu e a casa de teus pais perecereis".

O Senhor tem aliança com os que têm aliança com Ele. Quando o confessamos diante dos homens, Jesus apresenta nossas causas perante o Pai, mas quando o negamos, Ele também nos nega (leia Mateus 10:32-33).

Para preservarmos nossa descendência abençoada, temos de ser despenseiros da graça, pregadores do Evangelho e baluartes da Palavra de Deus entre os homens. O Senhor visita a fidelidade dos pais nos filhos. Toda vez que, mesmo sob risco de rejeição e prejuízo imediato, assumimos a postura correta diante das injustiças e dos pecados do mundo, estamos semeando bênçãos sobre a nossa casa. O contrário também é verdadeiro...

A omissão pode nos levar igualmente a perder o lugar de honra que o Senhor nos deu. Foi essa a mensagem de Mordecai para Ester ao dizer: "se te calares, de outra parte se levantará para os judeus consolo e livramento".

Não somos insubstituíveis no plano de Deus. Ele não contenderá para sempre com o homem. Quando confia uma obra a determinada pessoa que não a realiza, Ele a remove e levanta outra em seu lugar. Saul perdeu o reino para Davi. Judas perdeu o apostolado para Matias. Eli foi substituído por Samuel. Quem não faz o que Deus manda, perde seu espaço. O Senhor não interrompe um plano eterno por causa da nossa infidelidade. A geração de hebreus que seguiu Moisés, mas não correspondia com fé, morreu no deserto, e o Senhor levantou outra para conquistar a terra da promessa. Será sempre assim. Portanto, é melhor nos apressarmos em fazer o que precisa ser feito.

Outro forte argumento é que a omissão nos leva a perder a oportunidade de fazer história. Mordecai sugeriu a Ester: "quem sabe se para uma conjuntura como esta foste elevada a rainha".

Muitas situações difíceis na vida são oportunidades que temos de participar do projeto de Deus e marcar nosso nome como pessoas que fizeram a diferença, gente relevante. Quando nos acovardamos ou nos omitimos, perdemos a chance e ficamos à margem, como representantes da mediocridade.

Temos de estar sempre atentos e dispostos. Se há uma crise, ela pode ser a nossa grande oportunidade de manifestar o reino de Deus!

Na verdade, a omissão é uma grande desonra ao Senhor e uma forma de ingratidão. Ester era uma pobre escrava e Deus a fez casar-se com o poderoso rei Assuero. Investiu nela, deu-lhe poder e dignidade com o propósito de usá-la. Esconder-se naquele momento seria menosprezar tudo isso.

Conosco não é diferente. Depois de nos abençoar, o Pai nos coloca em lugares estratégicos para manifestarmos a sua vontade e a justiça do seu reino. Há muitos riscos, mas a única forma de correspondermos a todo o investimento do coração de Deus em nós é se nos manifestarmos com coragem para agir pela fé em toda ocasião na qual a necessidade nos convocar.

É a nossa atitude que revelará se aproveitamos o *kairós* ou se simplesmente, acovardados, deixamos o *chronos* passar.

CAPÍTULO 4

Não troque a relevância pelo apelo da evidência

A competição é uma arma poderosa do inferno contra os filhos de Deus. Quando nos permitimos olhar para o lado e somos seduzidos pela proposta de nos tornarmos melhores do que terceiros, entramos por um caminho de morte.

O chamado de Deus não nos coloca em disputa uns com os outros. Não são os melhores que Ele busca, mas os fiéis. A bem da verdade, todo tipo de comparação que façamos é injusta, pois cada um de nós é único.

Nossa importância no reino de Deus não tem a ver com superar outras pessoas nem mesmo nos tornar evidentes. Embora vivamos num mundo em que os holofotes encantam, não podemos nos submeter a esse espírito. O ministério cristão é exercido por um único tipo de reconhecimento: o quem vem do céu. E lá não somos avaliados em comparação com os outros, mas a partir da missão que recebemos.

Evidência nunca foi sinônimo de relevância. Se é verdade que muitos, ao fazerem o que Deus lhes ordena, terão como "efeito colateral" a fama, é verdade também que outros farão coisas fundamentais, talvez grandiosas, sem aparecer tanto.

A grande busca de cada um de nós nunca deve ser tornar-se o primeiro ou o melhor. No reino, ser fiel é o máximo!

O IMPORTANTE NEM SEMPRE É EVIDENTE

Jesus começou o seu trabalho quando tinha mais ou menos trinta anos de idade. Ele era, conforme pensavam, filho de José.
Lucas 3:23

Nossa missão não consiste em aparecer ou ocultar-nos. Consiste apenas em fazer o que Deus nos manda fazer, usando os dons que Ele nos deu. Numa geração confusa dentro da igreja, em que a busca de muitos é o protagonismo e o título, cargo, posição ou fama parecem ser mais importantes do que a missão, é fundamental termos essa certeza clara em nossos corações.

Liderança bem-sucedida nada tem a ver com projeção pessoal. Você pode ser canal de grandes coisas, mesmo que não esteja em evidência. Não são apenas os que aparecem que reinam.

Deixe-me dar um exemplo. José, pai (adotivo) de Jesus, foi um personagem absolutamente discreto. Se não tivermos olhos investigativos, acharemos que ele não passou de uma figura para compor o cenário, sem grande importância. Porém, o pouco que a Bíblia fala sobre esse homem revela um líder altamente relevante, apesar de não fazer barulho nem tomar a cena.

A primeira referência da Palavra a esse descendente de Judá é a seguinte: "Então José, seu noivo, como era justo, e a não queria infamar, intentou deixa-la secretamente" (Mateus 1:19). Ela revela dois traços do caráter desse servo de Deus: fidelidade e lealdade.

Imagine a situação. Sua noiva aparece grávida. Até então, a experiência sobrenatural era dela. Ele não havia participado. Portanto, a única certeza que José tinha era de que o filho não havia sido gerado por ele. Em outras palavras, qualquer homem concluiria: "Eu fui traído".

A certeza da traição lhe daria o direito de infamar sua noiva, denunciá-la publicamente e descarregar sobre ela toda a sua vergonha, ira e frustração. Mas ele decidiu não o fazer. Se não permanecesse com ela, enganado como se sentia, não iria destruir sua vida. Decidiria deixá-la secretamente, provavelmente voltar para a Judeia e, quem sabe, deixar em Nazaré a fama de mau caráter, homem que fez um filho fora do tempo e não o assumiu. José escolheu ser infamado a infamar a mulher que amava... Convenhamos, esse jovem, além de justo (como a Bíblia o descreve), era muito nobre.

Mais adiante, vemos uma atitude ainda mais impressionante de sua parte. Com o coração cheio de conflitos, ele teve um sonho no qual um anjo lhe dizia o absurdo de que sua noiva estava grávida, mas continuava virgem, pois aquela era uma obra sobrenatural de Deus, e ele deveria tomá-la por esposa. Sua sensibilidade, fé e obediência, então, revelaram-se extraordinárias. Qualquer um racionalizaria e rejeitaria aquele sonho esquisito, mas ele não somente creu, como investiu sua vida, reputação e futuro nessa visão.

Perceba que essas atitudes, tomadas sem a presença de holofotes, viabilizaram o mais importante projeto de Deus de todos os tempos. Do nascimento de Jesus e seu crescimento em estatura, sabedoria e graça, dependia a redenção da humanidade. José, sem aparecer, estava dando curso a esse plano eterno.

Há outras decisões radicais que José tomou, baseado em sonhos que Deus lhe dava. Quando Jesus nasceu (nome que fora dado por ele, por ordem de Deus, e não por Maria), diante da matança iminente de bebês promovida por Herodes, ele decidiu mudar de nação e ir para o Egito, levando Maria e o bebê, decisão que preservou a vida do Messias. Depois, quando voltou para a Judeia, mais uma vez recebeu um comando de Deus por meio de sonhos e, baseado nisso, resolveu estabelecer-se em Nazaré.

O que quero dizer com toda essa narrativa é que esse homem governou sua casa, assumiu o risco de decisões drásticas e obedeceu a avisos muito sutis da parte de Deus, atitude fundamental para que Jesus crescesse seguro. José fez tudo isso, sem alardes e sem parecer um personagem espetacular.

Embora esse homem tenha desaparecido tão discretamente da narrativa bíblica e tenha vivido uma vida discreta como um todo (provavelmente ele morreu durante o período de silêncio nos Evangelhos, entre os doze e os trinta anos de Jesus), as marcas e os reflexos de suas ações foram preservados. Sua influência sobre Cristo fez com que Ele fosse conhecido em Nazaré como "o carpinteiro" ou "o filho do carpinteiro". Para todos os que conviviam naquela cidadezinha, estava claro que o pai era a referência daquele garoto que ali cresceu.

Sabe qual a ideia que quero ativar em sua mente? É possível ser agente do reino de Deus e canal de propósitos celestiais, governando situações, mesmo estando nos bastidores, mesmo não sendo o protagonista da história. Portanto, se o temperamento, os dons e o ministério que o Senhor deu a você não projetam você para a fama, para o reconhecimento da maioria e não lhe conferem títulos e honrarias, não se preocupe. O galardão não é necessariamente para os evidentes, mas para os fiéis.

Não se compare a ninguém. Isso é uma grande armadilha. Apenas ouça a voz de Deus, descubra o que Ele quer de você e aja sob a palavra dele. Se isso não fizer de você a pessoa mais reconhecida na Terra, pode ter certeza de que diante do Senhor será muito grande o seu galardão. Portanto, aja, sirva, influencie, governe. Mesmo que seja nos bastidores.

DESCUBRA A HONRA DE SER O SEGUNDO

Era José da idade de trinta anos quando se apresentou a Faraó, rei do Egito, e andou por toda a terra do Egito.
GÊNESIS 41:46

José, filho de Jacó, é outro excelente modelo de liderança que vejo na Bíblia. Em sua juventude, sofreu muito. Recebeu uma visão de Deus ainda menino, mas pagou o preço pela sua imaturidade e pelo mau gerenciamento de seu pai, que não soube discernir o que Deus estava falando e não soube tratar os filhos com equidade. Jacó errou ao fomentar a competição dentro da própria família.

José foi traído e tirado à força de casa por seus irmãos. Entretanto, permaneceu firme na fé, mesmo no Egito e, finalmente, viu chegar a "hora da virada", quando Deus o levantou como um modelo de líder bem-sucedido. Nesse tempo de sua vida, alguns segredos foram fundamentais e é sobre eles que quero discorrer aqui.

Talvez, a princípio, na sua imaturidade, esse jovem tenha entendido a visão de Deus como proposta de domínio sobre seus irmãos. Desfilava com sua túnica colorida, expressão da predileção de seu pai e tagarelava seus sonhos de forma inconsequente, levando os irmãos a entenderem que governaria sobre eles, sem nenhuma ênfase em servi-los e abençoá-los. Isso gerou competição, cismas e dor.

José, no entanto, aprendeu rápido a lição. Pouco tempo de sofrimento e vergonha no Egito despertou nele o espírito correto, e ele entendeu a honra de ser o segundo. Não estranhe essa expressão. O ensino triunfalista que contaminou a alma de muitos de nós enfatizou que devemos ser os primeiros, fomentando um terrível sentido de competição na igreja. No entanto, a proposta de Deus é que aprendamos a servir, mesmo em segundo plano, ou seja, liderarmos com excelência sem abrir mão da bênção de sermos liderados.

Já na casa de Potifar, homem do qual se tornara escravo, José manifestou esse entendimento. Serviu com tanta fidelidade que seu amo o colocou por administrador de todas as suas riquezas (leia Gênesis 39:4-6). O fruto dessa semeadura não foi colhido de imediato. Acusado injustamente de pecar contra a mulher de Potifar, José foi levado à prisão e ali mais uma vez mostrou que sabia liderar sendo liderado. Sua credibilidade alcançou um grau tão evidente que o carcereiro-mor também o pôs por administrador de tudo naquele lugar e, mesmo na condição tão incoerente de prisioneiro, ele serviu com integridade e desprendimento (leia Gênesis 39:21-23).

Quando finalmente faraó, impressionado com seu discernimento e sabedoria, ofereceu-lhe o lugar de segundo homem do governo, José já estava bem treinado nisso. Não se fez de rogado. Submeteu-se a Faraó e administrou com destreza tudo o que lhe fora confiado.

Acredito que esse é um dos maiores segredos do ministério. Embora as pessoas, em sua maioria, sejam seduzidas pela possibilidade de mandar, de impor-se sobre outros, os líderes mais excelentes são aqueles que entendem a liderança como serviço e, conscientes de suas próprias limitações e humanidade, não fazem disso um argumento para esconderem-se na inércia, mas valorizam estar sob a supervisão e o cuidado de alguém. Em outras palavras, amam ser o segundo, mesmo que desempenhem suas funções com a excelência e a competência de verdadeiros campeões. Podem mandar, porque sabem e gostam de obedecer.

Um outro segredo na vida de José, atitude que se manifestou fundamental na "hora da virada", foi a decisão de não permitir que o passado de frustrações governasse o seu futuro e o tirasse da condição de servo. A Bíblia nos conta que, quando veio o tempo das vacas gordas e Deus começou a honrar todos os anos de sua semeadura, José teve seu primeiro filho e lhe pôs o nome de Manassés, dizendo: "Deus me fez esquecer do meu sofrimento e da casa de meu pai" (Gênesis 41:51).

Pense comigo... Esse homem tinha muitos argumentos na alma para não crer que as coisas acabariam bem dessa vez. Tudo o que fizera até então havia se voltado contra ele mesmo. Tentou compartilhar uma visão com seus irmãos e colheu ódio, traição. Serviu com extrema fidelidade na casa de Potifar e acabou punido como vilão. Já na prisão, por anos de injusto castigo, também fez o seu melhor, cumpriu as regras e serviu a quem pôde. Ainda assim, foi preterido e esquecido por aqueles que deveriam honrá-lo.

Convenhamos, não era o *curriculum* mais adequado para um grande líder. Assumir o governo do Egito em nome de Faraó, correndo o risco de pagar com a própria vida se não fosse bem-sucedido, deve ter feito soar todos os alarmes na alma desse jovem de trinta anos, à época. Ainda assim, José decidiu que o passado não seria determinante em seu futuro. Ao menos, não as dores do passado. Fez do nascimento de seu primeiro filho uma declaração profética e decidiu viver a vida olhando para a frente.

Não há líder que não passe por grandes frustrações. A noite sem pesca pode ser um grande argumento para não lançarmos as redes novamente, mesmo sob uma palavra do Senhor. Porém, os que se entregam à própria história de frustrações nunca viverão a alegria de uma pesca maravilhosa, nunca desfrutarão da honra de verem os celeiros cheios e as multidões sendo abençoadas por seu ministério. A diferença entre os que são grandes líderes e os que poderiam ser está, não num passado limpo de lembranças desestimulantes, mas na decisão de não permitir que o passado determine o seu futuro.

E se a honra vier sem nos colocar no primeiro lugar, desfrutemos da nobreza de sermos os segundos, vendo diante dos nossos olhos quantas vidas nosso serviço abençoou.

POR QUE MATAMOS NOSSOS IRMÃOS?

*Disse Caim a Abel, seu irmão: Vamos ao campo.
Estando eles no campo, sucedeu que se levantou
Caim contra Abel, seu irmão, e o matou.*
Gênesis 4:8

Caim protagonizou a primeira cisão de relacionamentos na História. Ao matar seu irmão Abel, tornou-se um ícone daqueles que fracassam no desafio da convivência. Ao lermos Gênesis 4, podemos entender como isso aconteceu.

Recebido como um presente de Deus no seio de sua família, Caim passou a ser uma expressão de desonra e miséria. Maldito, empobrecido, fugitivo, errante, aflito e afastado de Deus são os adjetivos que lhe vestem nos versículos 11 a 13.

Caim fracassou numa das práticas mais básicas da vida humana: a convivência. Se não aprendemos a conviver, a manter alianças e relacionar-nos ricamente com nossos irmãos, não temos como provar a plenitude da vida de Deus. A cruz tem dois sentidos, o horizontal e o vertical. Ela nos reconcilia com Deus, mas também com quem está ao nosso lado, e uma relação depende fortemente da outra.

Caim manifestou uma "síndrome" que tem destruído a vida e o relacionamento de muitos cristãos ainda hoje. São inúmeras as pessoas que deixam o lugar da bênção por questões de relacionamento. Vão se entregando aos argumentos da alma e do inferno até se verem longe de Deus.

O que eu vou chamar aqui de *síndrome de Caim* é um conjunto de sintomas espirituais e emocionais que vão se sucedendo, destruindo nossa capacidade de relacionamento com as pessoas e, depois, a nossa comunhão com Deus.

Vejamos quais são os problemas dessa síndrome que leva tantos ao isolamento é à infelicidade. O primeiro deles é uma religiosidade desprovida de espiritualidade. No caso de Caim, tudo começou com a fragilidade do relacionamento que ele mantinha com Deus. Ele não estava disposto a interagir com o Senhor no melhor nível. Oferecia qualquer coisa e esperava ser abençoado e reconhecido. Os versículos 3 a 5 dizem que ele trouxe uma oferta "ao cabo de dias" ao Senhor, enquanto seu irmão Abel trouxe "das primícias do seu rebanho". O resultado foi que Deus abençoou a Abel, mas para Caim nem atentou.

As pessoas que manifestam problemas de convivência na igreja, quase sempre trazem por trás disso um relacionamento pobre com o Senhor. Quando não estamos dispostos de dar a Deus o melhor de nossas vidas, tampouco admitimos o melhor para o nosso irmão. Caim escolheu servir a Deus com reservas. Sua oferta, que revelava o seu coração, era de restos. Ele pensava que, para o Senhor, qualquer coisa servia. Essa é a proposta da religião e o resultado dela é que não somos honrados.

A síndrome de Caim sempre começa aqui. A falta de um relacionamento intenso com Deus leva o homem a ter mais dificuldade com o seu próximo. A carne sempre prevalece quando nosso espírito não é fortalecido pela comunhão com o Pai. Religiosidade não preserva alianças. Espiritualidade, sim.

O agravamento do problema se deu quando Caim revelou sua segunda fraqueza: a incapacidade de superar os próprios fracassos. Ele teve um insucesso, fez uma semeadura insuficiente e não colheu o fruto que esperava. Todo mundo vive isso, de uma maneira ou outra, mais cedo ou mais tarde. Seu problema foi assimilar a falta de resultados não como um desafio a ser vencido, mas como um atestado de incompetência. A Bíblia diz que, diante da tentativa não reconhecida, "irou-se Caim fortemente e descaiu-lhe o semblante" (v. 5). Estava na cara o seu mau humor.

Ninguém passa pela vida sem perdas, reprovações e fracassos. A grande chave é olhar para os fracassos como um desafio a mudanças. Quando o insucesso nos leva ao "buraco negro" das emoções, gerando em nós complexos de rejeição, estamos adoecendo perigosamente. Você se lembra de Pedro, isolando-se após negar a Jesus? Ele estava com a síndrome de Caim. Como sua relação com Deus se enfraqueceu, sua aliança com os demais também ficou comprometida.

O complexo de inferioridade levou Caim a um problema ainda mais grave: a dificuldade de aceitar o sucesso do outro. Não foi só a própria reprovação que afetou o humor de Caim, mas a honra que o Senhor direcionou a Abel.

A perspectiva de Deus para nós é "chorai com os que choram, alegrai-vos com os que se alegram" (Romanos 12:15). Emoções compartilhadas são um sinal de saúde interior. Quando somos incapazes de viver assim, estamos doentes. Ora, a inveja é o sinal mais claro de que as fontes da convivência estão adoecidas na vida de alguém. Faça uma análise da relação entre José e seus irmãos, entre Davi e Saul, e você verá isso ilustrado. Quando o melindre se manifesta em nós ao vermos o outro sendo exaltado, temos um sério problema.

Ao assumirmos rótulos por nossos insucessos e nos entregarmos à insatisfação diante do êxito dos nossos irmãos, permitimos que a amargura comece a se revelar em nossas atitudes. Nesse nível da síndrome, a enfermidade interior passa a manifestar-se em nossas atitudes e comprometer os ambientes em que transitamos. A ira, a insatisfação, a murmuração, o negativismo são formas pelas quais revelamos um coração adoecido. Quando o nosso semblante já mostra nosso estado de amargura e nossas palavras saem temperadas de agressividade, estamos muito mal. Ou reconhecemos o estado em que estamos, mergulhamos no arrependimento e buscamos uma cura em Deus, ou acabaremos tomando decisões que estragarão a nossa vida e, talvez, a de outros.

A história de Caim e sua relação com Abel, seu irmão, é uma advertência a nós, chamados por Deus para uma vida de comunhão e aliança. O desatino que ele cometeu, matando Abel, pode ser cometido por nós em outras formas e dimensões. Matamos pessoas quando as difamamos, quando as excluímos da nossa convivência, quando lhes negamos o perdão ou a oportunidade da reaproximação, quando as rotulamos impiedosamente. Enfim, há muitas maneiras de liquidar alguém, seja em nosso coração ou no dos outros.

A síndrome de Caim que acomete muitos cristãos hoje começa com um relacionamento superficial com Deus, agrava-se quando damos lugar aos complexos e à inveja, mas torna-se uma calamidade em nosso interior quando assumimos a admissão da traição e da anulação do outro como mecanismo legítimo de defesa. Caim foi capaz de enganar e matar seu irmão Abel, pensando que com isso resolveria o seu problema. O veneno da amargura o levou a perder completamente a noção do equilíbrio. Diz a Bíblia: "E falou Caim com o seu irmão Abel; e sucedeu que, estando eles no campo, se levantou Caim contra o seu irmão Abel, e o matou" (v. 8).

Como eu já disse, podemos matar sem derramar sangue: matar os outros por meio de calúnias, matar em nosso interior (excluindo as pessoas das nossas perspectivas). Quando destruir a imagem do outro parece nos aliviar e ser o mais justo, já estamos no nível do pecado e prestes a colher as consequências que ele sempre traz. A essa altura, ou entramos numa profunda experiência de arrependimento, ou causaremos muitos danos a nós mesmos e ao corpo de Cristo.

Se você, como Saul fez um dia, começou a atirar lanças a esmo contra seu irmão, está abrindo portas para atuação demoníaca em sua vida e colocando em risco sua própria salvação. A Palavra trata a quebra de relacionamentos nesses termos: "Todo o que odeia a seu irmão é homicida, e vós bem sabeis que nenhum homicida tem a vida eterna permanecendo nele" (1João 3:15).

Quem anda nesse caminho é tomado por um louco sentimento de irresponsabilidade em relação à vida alheia. A pessoa que está dominada pela síndrome de Caim perde completamente a consciência da interdependência no corpo de Cristo. Sua mentalidade passa a ser cada um por si. Ela abdica, como se fosse possível, da responsabilidade pela integridade do outro. A Bíblia nos dá o seguinte relato: "E disse o Senhor a Caim: Onde está Abel, teu irmão? E ele disse: Não sei; acaso sou eu guardador do meu irmão?" (v. 9).

Quem não discerne o corpo de Cristo está andando no campo minado da maldição. Enfermidade, miséria e morte se estabelecem numa vida que se rebela contra a unidade da igreja. Do ponto de vista de Deus, somos sim guardadores dos nossos irmãos, responsáveis por sua integridade pelo simples fato de que somos membros uns dos outros.

Deus não permanece passivo diante desse tipo de pecado. Ele veio confrontar Caim e, diante da falta de arrependimento, estabeleceu juízo sobre a vida dele. É assim que Ele sempre fará. Diante da nossa falta de quebrantamento e dos relacionamentos quebrados em sua casa, o Pai exercerá sempre disciplina. Paulo, apóstolo do Senhor, chega a dizer que muitas pessoas na igreja adoecem e até morrem por não discernirem o corpo de Cristo (1Coríntios 11:29-30), ou seja, por não respeitarem essa verdade de que dependemos uns dos outros e precisamos preservar a nossa unidade.

O pior estado a que um crente pode chegar é o da resignação diante de uma perspectiva sombria para a o futuro. A fase final da síndrome de Caim se manifesta quando a pessoa não se importa ou não reage diante do caminho de morte que está trilhando. Ela simplesmente entrega-se ou arrisca-se a "pagar para ver". A passividade já é sinal de morte. Veja o que nos contam os versículos 13 e 14:

> Então disse Caim ao Senhor: É maior a minha maldade que a que possa ser perdoada. Eis que hoje me lanças da face da terra, e da tua face me esconderei; e serei fugitivo e vagabundo na terra, e será que todo aquele que me achar, me matará.

O que vemos aqui? Um homem entregue à maldição, indisposto a mudar pelo arrependimento a história terrível que seus atos haviam desenhado.

Caim terminou assim. Nasceu para ser bendito, foi recebido no mundo como um presente de Deus, mas terminou seguindo um caminho vergonhoso porque entregou o seu coração, deixando que o tempo fizesse o seu papel de piorar as coisas e levá-lo para abismos mais profundos. No começo era só uma situação simples, que podia ser superada. Como não foi, tornou-se uma síndrome mortal.

A Palavra de Deus traz esses registros dramáticos para que sejamos alertados e não repitamos essas tristes histórias. Eu e você fomos chamados à aliança com Deus e com nossos irmãos. Precisamos vencer a nossa carnalidade, superar as nossas diferenças e honrar ao Senhor como filhos que se amam. Se formos reprovados nisso, nosso caminho se tornará difícil na Terra, como foi o de Caim.

Se, ao olharmos para o lado, vermos alguém que é maior e mais bem-sucedido do que nós, que isso nos sirva de inspiração, e não de ameaça. No reino de Deus, o importante não é ser considerado o primeiro, mas ser achado fiel!

CAPÍTULO 5

Pavimente seu caminho com lealdade e honra

O universo é sustentado pelo princípio de autoridade. Tudo o que existe se mantém a partir de um governo. Do seu trono inabalável, Deus comanda todas as coisas.

A autoridade de Deus é a base do seu reino. Eu diria que ela tem mais poder do que o seu amor. Justifico minha afirmação: se o Senhor ama tanto os homens, e Ele ama, pois a cruz não deixa dúvidas a esse respeito, por que muitos irão para o inferno? Pelo simples fato de que a autoridade de Deus não pode ser ignorada e, embora Ele ame indistintamente a todos, precisa manter a sua palavra e as regras que estabeleceu.

Nossa relação com os homens também envolve o princípio de autoridade. Deus, que é única fonte absoluta, a delega a quem quer, e nossa atitude diante disso determina para nós caminhos de bênção ou de maldição.

Compreender essa verdade é uma das chaves para a relevância e, eu diria, até para a sobrevivência no reino de Deus. A maneira como nos portamos diante daqueles que representam o Senhor em nossa vida de certa forma espelha o nosso coração em relação ao próprio Deus, que os estabeleceu. Por isso, tomar decisões sempre pautadas em lealdade, honra e submissão pavimentarão nosso caminho para o êxito.

A HONRA É SEMENTE ANTES DE SER FRUTO

Lembrai-vos dos vossos guias, os quais vos pregaram a palavra de Deus; e, considerando atentamente o fim da sua vida, imitai-lhes a fé
HEBREUS 13:7

Um dos princípios mais importantes da Palavra de Deus é o princípio da honra. Embora vivamos num tempo em que o desprezo às autoridades é lugar comum, a começar pelo próprio ambiente familiar, não há como negar diante dos ensinamentos bíblicos que honrar aqueles que estão acima de nós é uma forma de honrar ao próprio Senhor, que os investe de autoridade.

Não é por acaso que, entre os Dez Mandamentos, o suprassumo da ética que Deus propõe a todos os homens, o único que traz a reboque uma promessa, é "honra o teu pai e a tua mãe, para que se prolonguem os teus dias sobre a terra" (Deuteronômio 5:16).

Quanto mais próxima e vital for a relação, mais essa verdade se torna importante. No contexto da igreja, então, ela é fundamental. Sabemos o que significa ser "ovelha sem pastor" porque a maioria de nós viveu um dia na solidão espiritual, sem ter quem nos ensinasse o caminho e velasse por nossa vida. Hoje, o fato de termos líderes que dedicam seu tempo e seus dons para nos abençoarem deveria produzir em nós um intenso desejo de honrá-los.

É sobre isso que o escritor aos Hebreus está falando ao recomendar-nos: "Lembrai-vos dos vossos guias, que vos anunciaram a Palavra de Deus". O sentido aqui é, com constância, trazer à mente o valor daqueles que nos lideram na fé, nossos discipuladores e pastores, fazer o exercício da consideração, de não esquecer a diferença que essas pessoas fazem em nossas vidas e, de alguma maneira, expressar a nossa gratidão com palavras e ações.

É interessante a ideia revelada na frase que dá sequência ao versículo: "considerando atentamente o fim da sua vida". Ela nos desperta a levar em conta a caminhada de uma pessoa para nos abençoar e não deixar que essa dedicação caia no vazio da ingratidão.

Honrar aqueles que nos ministram no Senhor, portanto, sempre e de todas as formas, é uma forma de honrar o próprio Deus que os proveu como resposta às nossas necessidades espirituais.

Não há uma melhor maneira de honrar a um líder do que segui-lo com fidelidade. É por isso que a recomendação do escritor aos Hebreus completa-se, dizendo: "imitai-lhes a fé".

O que é imitar? É tentar fazer igual, copiar. Esse é o espírito de todo verdadeiro discípulo. Não há nada que cause mais frustração na vida de alguém que se dedica à liderança espiritual do que perceber que seus "seguidores" têm de ser arrastados, oferecem resistência, apresentam indisposição quando deveriam ter uma atitude espontânea de acompanhar-lhes os passos.

Isso tem a ver com submissão. O versículo 7 de Hebreus 13 se complementa no 17, que diz:

> Obedecei aos vossos guias e sede submissos para com eles; pois velam por vossa alma, como quem deve prestar contas, para que façam isto com alegria e não gemendo; porque isto não aproveita a vós outros.

A obediência deve ser fruto da submissão. É a atitude de fazer o que foi orientado, baseada num coração que já estava predisposto a acatar, antes mesmo de receber a direção. Aliás, a palavra "submissão" deveria ser entendida como colocar-se debaixo da missão de outra pessoa. Explico: quando reconhecemos que alguém, ainda que com seus limites, foi enviado por Deus com a missão de nos abençoar com seu ministério e liderança, devemos submeter-nos, ou seja, meter-nos debaixo dessa missão, tornando-nos um com aquele líder.

O discipulado é uma grande responsabilidade. Pode, inclusive, tornar-se um peso massacrante para quem a ele se dedica. Como lemos no texto bíblico, ele impõe sobre o líder a tarefa de velar, vigiar pelas vidas, com a consciência de que terá de prestar contas a Deus por esse serviço.

Tenho visto líderes fazendo o discipulado com alegria, apesar da responsabilidade, assim como tenho visto outros gemendo debaixo da mesma missão. E por quê? Por causa da atitude de cada um. É exatamente o que diz o final do versículo 17 que acabamos de ler. Ovelhas obedientes e submissas produzem líderes realizados, ao passo que ovelhas rebeldes ou independentes transformam o ministério de qualquer um num grande fardo.

Deixe-me lhe fazer algumas perguntas importantes: quando seu líder espiritual pensa em você ou dobra os joelhos para orar a seu respeito, o que será que brota em seu coração: alegria ou gemido? Você é uma fonte de valorização do ministério de quem o lidera na Casa de Deus ou um grande peso? De seus lábios saem mais palavras de gratidão e concordância em relação aos seus mentores ou expressões de crítica, cobrança e resistência? Você costuma agradecer quando seu líder o abençoa? Você divide com ele a bênção quando prospera ou só leva seus fardos? Quantas vezes durante este ano você procurou o seu pastor ou líder espiritual para agradecer e dar-lhe um presente ou uma expressão de honra? E quantas vezes você o procurou apenas para repartir seus problemas? Você ora com constância por quem pastoreia você ou só espera ser coberto pelas orações dele?

Caso, ao responder essas questões, você tenha chegado à conclusão de que seus guias na fé se sentem motivados, felizes por sua causa, glória a Deus! Você é um verdadeiro discípulo! Se, por outro lado, essa reflexão lhe trouxe a consciência de que quem o lidera está gemendo, frustrado por sua causa, é tempo de mudar de atitude. No linguajar bíblico, "isto não lhe aproveitará". Não são apenas os líderes que prestarão contas a Deus. Os discípulos também o fará.

TROCANDO O MANTO POR UMA VESTE FESTIVAL

Portanto, a lepra de Naamã se pegará a ti e à tua descendência para sempre. Então, saiu de diante dele leproso, branco como a neve.
2Reis 5:27

Há mais de vinte anos, eu encontrei no meu pastor, Harry Scates, a cobertura de que eu tanto precisava. Seu testemunho, seu amor, sua simplicidade e sua visão tornaram-se referência para mim e o legado que eu escolhi herdar. Com o passar dos anos, propostas internas e externas quiseram me tirar desse lugar seguro e do direito a essa herança, mas graças a Deus eu resisti e continuo seguindo os passos do meu bom e velho pastor!

Vivemos numa geração onde a independência é cultuada. Infelizmente, é uma minoria dentro do corpo de Cristo que compreende o valor do que chamamos de cobertura ministerial. Cada vez mais, pessoas relacionam-se com a igreja como se fosse um clube social, que frequentam enquanto lhes for prazeroso ou conveniente fazê-lo. E mesmo entre os que compreendem o princípio de estar debaixo do manto ministerial de homens de Deus, muitos quebram alianças com facilidade e desprezam o legado do Senhor para suas vidas.

A cobertura espiritual é um princípio enfatizado nas Escrituras. Basta seguir exemplos como os de Moisés e Josué; Elias e Eliseu; Noemi e Rute, Samuel e Davi, Jesus e seus doze, Paulo e Timóteo...

Em 2Reis 5:15-27 há uma história muito forte de alguém que desprezou a cobertura ministerial e perdeu um grande legado. Geazi foi um homem que teve uma oportunidade maravilhosa. Conhecido como "o moço de Eliseu", discípulo do profeta da porção dobrada, esse jovem teve a chance de herdar um legado espiritual imensurável. Entretanto, o que poderia ser um manto profético na vida de Geazi tornou-se apenas uma saudosa história para contar. A última vez que o vemos nos relatos bíblicos é no capítulo 8 de 2Reis, longe de Eliseu, contando ao rei de Israel as antigas histórias do profeta com o qual andara. O que deveria ser um legado de continuidade, tornou-se apenas uma memória distante. Ele havia jogado fora a oportunidade de sua vida!

Como é que isso acontece? Qual é o caminho que um servo trilha da segurança de um manto ministerial para a lepra de uma veste festival (pois, como se sabe, Geazi terminou leproso por vender sua fidelidade ao profeta por dois talentos de prata e duas roupas de luxo)?

Em primeiro lugar, ele se permite desenvolver a própria visão. O texto diz que "Geazi, o moço de Eliseu, homem de Deus, disse consigo mesmo...", ou seja, ele começou a ter suas próprias ideias, à revelia de seu líder, estabelecendo diálogos com a própria carne. É sempre assim que começa toda forma de rebelião. Satanás sugerindo-nos que ser independentes para "pensar por nós mesmos" é um direito. E quando, na igreja, alguém começa a conversar com sua alma num dialeto que não é o dos seus líderes, uma semente de engano pode estar prestes a brotar.

E em que consistiam os pensamentos autônomos desse discípulo? Se você ler a passagem, perceberá que ele começa a reprovar as escolhas de seu líder, ainda que elas estivessem dentro da vontade de Deus. Eliseu havia rejeitado uma oferta de Naamã, por algum motivo que desconhecemos, e Geazi não concordou com aquilo.

O processo de sedução diabólica que leva um homem para fora de sua cobertura transforma a admiração em crítica, a obediência em questionamento, a submissão em discordância. Até então, Eliseu era o mentor amado de Geazi. A partir daqui, um "porém" se estabelece entre o coração do discípulo e o do seu líder.

Quebrado o elo de unidade interior, o próximo passo é olhar por cima do muro. Geazi corre atrás daquilo que o profeta rejeitara e busca Naamã para pedir a oferta que Eliseu havia vetado. Eu já vi esse "filme" muitas vezes... Quando o coração é conquistado pela independência, os pés correrão para o engano.

A partir daqui, ele passa a usar sua cobertura apenas como disfarce para seguir sua própria ambição. Ao abordar Naamã, o moço inventa uma mentira e se dá por enviado de Eliseu. E como ele, quantos crentes não estão vivendo de fachada hoje? Usam o nome e a sombra de seus líderes apenas para o que lhes é conveniente, mas na essência rejeitam a visão deles e seguem os próprios desejos (que quase sempre estão algemados pela ambição).

Quando Geazi recebe de Naamã os presentes que seu líder reprova, ele troca a glória da unção pela ilusão da aparência. Alianças são mantidas por valores espirituais. O que Geazi podia herdar era um manto profético que lhe daria significado no reino de Deus. No entanto, a vida acenou-lhe com uma glória humana, e ele fez uma escolha equivocada: trocou a riqueza do ministério por dois talentos de prata e a capa do profeta por duas vestes festivais.

A partir daí, ele leva para casa aquilo que não entra na casa do profeta. Aliás, quando tomados por esse espírito, nossa casa costuma ser usada como o lixo para onde levamos os dejetos da rebelião. Normalmente, é lá que as conversas pervertidas, as críticas e as discordâncias têm lugar ao redor da mesa. É no ambiente familiar que o pecado é tratado como direito e riqueza. E você pode ficar seguro de uma coisa; se o que você planta na mente de seus filhos, discípulos e amigos íntimos é discordância e crítica em relação aos seus pastores, é isso que você vai colher depois em suas vidas, sem falar na perda do legado profético.

Geazi desprezou o princípio da honra e quebrou uma aliança que Deus havia provido para sua vida. Como muitos fazem em nossos dias, ele trocou valores por conveniência, seguiu a rota de Judas e de tantos outros. Perdeu o legado, a unção e a herança espiritual que lhe estava reservada. Ficou apenas com a saudade dos tempos em que andou com um profeta... Nada mais.

RESPEITE O CARÁTER SAGRADO DA UNIDADE

Diariamente perseveravam unânimes no templo, partiam pão de casa em casa e comiam com alegria e singeleza de coração.
Atos 2:46

Em tempos em que o mundo supervaloriza as liberdades e direitos individuais, falar sobre unanimidade parece uma blasfêmia. A mentalidade das pessoas está tão formatada pelo egocentrismo que a própria igreja tem suas forças minadas pela divisão.

Um dos maiores segredos de um povo vencedor é a sua unidade. Quando olhamos para os primeiros capítulos do livro de Atos, percebemos que o poder da igreja de Jesus em seu nascedouro em muito se deveu ao fato de que o individualismo deu lugar à concordância. São várias as expressões que revelam essa verdade: "Da multidão dos que creram era um o coração e a alma. Ninguém considerava exclusivamente sua nem uma das coisas que possua; tudo, porém, lhes era comum" (Atos 4:32). "Todos estes perseveravam unânimes em oração..." (Atos 1:14). "E perseveravam na doutrina dos apóstolos e na comunhão, no partir do pão e nas orações... Todos os que creram estavam juntos e tinham tudo em comum..." (Atos 2:42,44). São muitas e repetidas as afirmações que demonstram o caráter de unidade daquele povo.

Havia três elementos que mantinham este ambiente de unanimidade: a unção do Espírito Santo, a autoridade dos líderes e a visão por eles transmitida. Esses três fatores foram suficientes para alinhar o coração de uma multidão num só propósito. Eles, embora muitos, portavam-se como se fossem um só, em primeiro lugar por reconhecerem nos apóstolos homens dignos de liderá-los. Assim, ao invés de cada um fazer o que bem lhe parecia, admitiam nos seus pastores a credibilidade para guiar suas vidas. Ninguém discutia uma direção profética dada, uma vez que todos aceitavam serem aqueles homens levantados por Deus para o governo daquela comunidade de cristãos.

Em segundo lugar, justamente por respeitarem a autoridade dos apóstolos, acatavam a visão que estes transmitiam. Quando a Bíblia diz que todos "perseveravam na doutrina dos apóstolos", está dando testemunho de um povo que recebia o ensino de seus líderes sem discussão. Simplesmente o seguia.

Por trás de tudo isso estava o Espírito Santo, quebrantando a igreja e respaldando seu presbitério. Tanto que, na primeira ocasião em que pessoas tentaram enganar essa liderança, foram julgadas pesadamente por Deus. O caso de Ananias e Safira, narrado no capítulo 5 de Atos, não pode ser esquecido. Esse casal mentiu para Pedro, um dos componentes da equipe pastoral de Jerusalém. O assunto era aparentemente sem importância, o valor de uma oferta que traziam. Mesmo assim, Pedro discerniu a falsidade e disse a Ananias: "Por que encheu Satanás teu coração, para que mentisses ao Espírito Santo, reservando parte do valor do campo?" (Atos 5:3). Perceba que a mentira contada a um apóstolo foi considerada mentira ao Espírito Santo, uma vez que os apóstolos representavam o Espírito Santo e ministravam sob seu respaldo. O resultado foi que Deus matou diante da igreja Ananias e Safira, sua esposa e cúmplice, por terem brincado diante dos seus ungidos, tentando enganá-los.

Desde as páginas do Velho Testamento, Deus estabeleceu juízos chocantes sobre pessoas que se levantaram contra líderes ungidos para dirigir seu povo. Nos tempos de Moisés, quando Corá, Datã e Abirão insuflaram uma insurreição com mais duzentos e cinquenta homens, questionando a autoridade e a direção profética do líder que Deus havia levantado, foram tragados vivos. A terra os engoliu, tal foi a ira do Senhor contra eles (leia Números 16:1-40). Noutra ocasião, foram Nadabe e Abiú que desafiaram o princípio de autoridade. Esses homens, sendo sacerdotes, pensaram poder fazer a obra de Deus à sua maneira, sem se submeterem a quem estava acima deles na congregação. Tomaram os seus incensários e foram oferecer culto, desprezando a ordem estabelecida. Resultado: o Senhor os matou ali mesmo, considerando sua oferta como "fogo estranho" (leia Levítico 10:1-7).

Houve ainda o episódio em que Miriã e Arão, irmãos de sangue de Moisés, conversando entre si, questionaram sua autoridade, pois não aceitavam a mulher cuxita com quem ele se casara. Mais uma vez, Deus tomou a ofensa para si, e Miriã ficou leprosa, sendo curada apenas após arrependimento e pesada disciplina (leia Números 12:1-15).

Por que, tanto no Antigo quanto no Novo Testamento, o Senhor se manifestou com juízos tão pesados contra gente que desafiava a autoridade dos seus ungidos? Pelo simples fato de que é a autoridade dos líderes fiéis que preserva a unidade da igreja e apenas uma igreja unida pode vencer Satanás. Jesus mesmo disse que "um reino dividido não pode subsistir" (leia Mateus 12:25).

Hoje, quando pessoas dentro da casa de Deus levantam a bandeira da discordância, muitas vezes contaminando outras vidas com o veneno satânico da divisão, colocam-se em rota de colisão com um princípio fundamental no reino. Se elas soubessem ou considerassem em que nível de juízo podem estar se colocando, não brincariam com isso. Antes, falariam como Davi:

> O Senhor me guarde de que eu faça tal coisa ao meu senhor, isto é, que eu estenda a mão contra ele, pois é o ungido do Senhor [...] pois quem haverá que estenda a mão contra o ungido do Senhor e fique impune? (1Samuel 26:6,9).

Obviamente não estou defendendo aqui a subserviência a líderes infiéis ou à obediência cega, que se torna meio de cultura para manipulações carnais. Falo de homens sérios que, embora limitados e imperfeitos, pastoreiam com zelo o rebanho do Senhor. Esses têm o respaldo de Deus, e felizes são os que deles desfrutam e a eles respeitam.

Há dois tipos de gente que Deus, mais cedo ou mais tarde, tratará com grande severidade: os pastores infiéis que não honram a autoridade do Espírito Santo em suas próprias vidas e as ovelhas levianas que não respeitam a autoridade do Espírito Santo na vida de seus pastores. Que eu e você sejamos cuidadosos todos os dias para não sermos achados entre os tais.

CAPÍTULO 6

Decida exagerar se o que você faz é para Deus

A relevância de qualquer cristão só faz sentido se ela nascer de sua devoção a Deus. O combustível que o deve mover a fazer todas as coisas tem que ser uma paixão intensa por aquele que o amou primeiro, indo ao cúmulo da cruz.

Na verdade, antes de fazer diferença na Terra, precisamos fazer diferença no céu. Mais do que nossos resultados, Deus nos quer. Nossa performance só tem valor quando nasce de corações apaixonados. Como diz Paulo, "se não tiver amor, serei como o bronze que soa ou como o címbalo que retine" (2Coríntios 13:1).

Não é difícil que façamos a coisa certa com a motivação errada. Grande parte dos esforços espirituais que despendemos pode estar voltada para nós mesmos, em tentativas equivocadas de receber reconhecimento. No entanto, fomos feitos para o louvor da glória de Deus (leia Efésios 1:12). Nosso desempenho só tem chancela se de fato visa agradar a Deus.

Qualquer servo do reino que faça a diferença neste mundo terá de começar todos os seus projetos no altar. Somente numa vida de intimidade com Deus podemos perceber o que Ele deseja e, impactados por sua presença, construir com a excelência que Ele merece.

PERCA TUDO, MENOS A PRESENÇA DELE

Portanto, assim te farei, ó Israel! E, porque isso te farei, prepara-te, ó Israel, para te encontrares com o teu Deus.
Amós 4:12

"Prepara-te para te encontrares com o teu Deus." Que frase forte! Embora o contexto em que Amós escreveu essas palavras fosse negativo (Israel, por causa dos seus pecados, havia provocado a ira de Deus, e Ele estava vindo para tomar contas), essa é uma expressão que traz um significado muito especial na prática da nossa devoção ao Senhor. Quando Ele vem até nós, precisamos estar preparados.

Deus tem prazer em encontrar conosco. Ele valoriza o nosso amor como um noivo apaixonado. Para nós, por outro lado, não há experiência mais maravilhosa do que desfrutar de momentos de intimidade e unção na presença do Pai.

A questão é: quando Ele vier, estaremos prontos para recebê-lo?

Quero conduzir você por uma reflexão bíblica e observar a atitude de uma mulher que, visitada pelo seu amado, não estava pronta para recebê-lo, em contraste com outra que não deixou passar a última chance de derramar seu amor sobre Jesus. As histórias estão narradas em Cantares 5:2-6 e João 12:18 respectivamente, e referem-se à experiência da mulher sulamita e de Maria, irmã de Lázaro. Seria muito útil fazer uma leitura atenciosa dessas passagens para entender os argumentos que apresento na sequência.

Perdemos a presença do Senhor quando não estamos atentos aos seus movimentos. Embora a sulamita tenha dito que seu coração velava, ela dormia no momento em que seu amado chegou. A falta de atenção a privou do encontro. Ainda que houvesse amor em seu coração, a dispersão a traiu.

Às vezes "dormimos" porque somos tomados pelo cansaço. A fadiga, seja ela física ou espiritual, leva-nos a perder momentos especiais, ocasiões em que certamente nossas forças seriam renovadas. Se não aprendermos a vencê-la para estar com Deus, viveremos cada vez mais cansados e cada vez mais distantes dele.

Também "dormimos" porque, desatentos, não esperamos o Senhor para aquele momento. Distraídos com tantas coisas naturais, não percebemos o cenário que Deus está armando para nos encontrar na dimensão do espírito e, quando acordamos, já passou.

Maria, ao contrário da sulamita, estava atenta à sua oportunidade. Jesus passava por Betânia (e seria a última vez). Para a maior parte do vilarejo, aquela era uma noite como outra qualquer. Para Marta, a responsabilidade do trabalho era o mais importante. Para Lázaro, assentar-se à mesa e dividir com Jesus a atenção dos homens talvez o interessasse mais. Porém, para Maria, aquela era uma chance de demonstrar amor ao Senhor, derramar sobre Ele sua devoção. E para aquele momento, ela se preparara havia muito tempo.

Também perdemos a presença de Deus ao hesitarmos pela indisposição. Quando o amado chegou e finalmente a sulamita o notou, ao invés de correr ao seu encontro, ela revelou-se reticente. Sua primeira reação foi de indisposição. Valeria a pena vestir novamente a túnica, se já havia tido o trabalho de tirá-la (leia Cantares 5:3)?

Perdemos ocasiões preciosas na presença do Senhor por mera indisposição. Deixamos de ir a uma conferência porque não queremos pagar a inscrição. Uma dor de cabeça, um jogo de futebol, uma boa noite de sono ou um fim de semana de diversão às vezes são motivos suficientes para não sermos encontrados naquele tremendo momento de unção. A verdade é que, enquanto estivermos fazendo contas para ver se vale a pena vestir-nos de novo a fim de estar com o nosso Amado, privaremos o nosso próprio coração de desfrutar do melhor que há nesta vida.

Maria, por outro lado, não apenas teve disposição de correr ao encontro de Jesus, como investiu naquele momento. Para ela, não havia o que esperar e nada era caro demais. O perfume que valia quase um ano de salário estava pronto para a ocasião. Em sua ordem de valores, nada era mais valioso do que adorar.

Outro grande alerta dessas histórias é que perdemos a presença do nosso amado quando vacilamos pelo excesso de escrúpulos. A sulamita pensou: "Já lavei os pés. Tornarei a sujá-los?" (Cantares 5:3). Ela estava cheia de cuidados com sua imagem, mais preocupada com a própria aparência do que com o encontro em si.

Nossa imagem pode ser o maior empecilho para que desfrutemos da intimidade de Deus. Quando nos importamos com o que os homens vão pensar ou quando nós mesmos não estamos dispostos a nos lançar nas asas da unção e correr o risco de viver o "ridículo" para fluir com o Espírito, ficamos presos e não desfrutamos do melhor de Deus.

Maria, por sua vez, em nada considerou sua reputação. Ainda que reprovada pelos homens, mesmo tida como exagerada ou fanática, ela derramou seu perfume sobre Jesus e enxugou-lhe os pés com seus cabelos. Um absurdo para os outros, um privilégio para ela, uma delícia para o Senhor!

A última grande lição que tiro dessas histórias é que perdemos a presença de Deus quando tratamos a unção como algo que é só para nós. Comumente pensamos na unção como um poder que recebemos de Deus para desfrutar ou para abençoar outras pessoas. Isso é verdade, mas há uma dimensão na unção que é para ser derramada em adoração. Veja o que diz o texto: "Levantei-me para abrir ao meu amado; as minhas mãos destilavam mirra, e os meus dedos mirra preciosa sobre a maçaneta do ferrolho" (Cantares 5:5).

Perceba que a sulamita usou a unção só para si. Quando saiu ao encontro do seu amado, ela diz que suas mãos destilavam mirra. Ela literalmente lambuzou-se antes de deitar-se. Ou seja, havia usado o perfume para seu próprio deleite, sem a intenção de que fosse uma oferta ao seu esposo. Muitas vezes é como agimos e, então, nossos momentos de adoração tornam-se egocêntricos e, consequentemente, secos, rotineiros, religiosos e sem a presença.

Em contraste, vemos que Maria guardou seu bálsamo para derramar sobre Jesus. Ela, de alguma forma, compreendeu que Deus também é abençoado com a unção. Aliás, Jesus reconheceu isso publicamente. O perfume foi bem usado, e Maria desfrutou de um encontro inesquecível com o Senhor. À sulamita, por outro lado, restou apenas o lamento e a esperança de que houvesse outra chance: "Abri ao meu amado, mas já ele se retirara e tinha ido embora; a minha alma se derreteu quando, antes, ele me falou; busquei-o e não o achei; chamei-o, e não me respondeu" (Cantares 5:6).

Tudo o que possamos realizar de significativo na Terra será resultado de nossos encontros com Deus. Portanto, cuidar disso com prioridade é uma chave para a relevância.

NADA É DEMAIS, SE É PARA DEUS

Porque dizia Davi: A casa que se há de edificar para o Senhor se há de fazer magnífica em excelência, para nome e glória em todas as terras; eu, pois, agora, lhe prepararei materiais. Assim, preparou Davi materiais em abundância, antes da sua morte.
1 Crônicas 22:5

Davi se fez um homem muito especial para Deus. Dele o Senhor falou coisas maravilhosas. "Achei a Davi, homem segundo o meu coração, o qual fará todas as minhas vontades" (Atos 13:22). "Estabelecerei o seu trono para sempre" (1Reis 4:25), são só alguns dos suspiros e das promessas do Altíssimo sobre "o suave salmista de Israel".

Desde cedo, Davi entendeu a excelência do Senhor. O episódio traumático da morte de Uzá, durante a primeira tentativa de trazer para Jerusalém a arca da aliança, deixou lições preciosas para o resto de sua vida. Naquela ocasião, recém-ungido como rei, ele estava cheio de paixão, mas não havia ainda compreendido uma verdade básica: se é para Deus, tem de custar um preço, tem de ser feito com excelência.

Davi construiu um carro novo para trazer a arca. Achou que a presença do Senhor poderia ser atraída sem que houvesse ombros santos para sustentá-la. Por causa disso colheu reprovação e morte. Diante do corpo sem vida de um sacerdote sem excelência, uma pergunta queimava no coração do rei: "Como trarei a mim a arca do Senhor?" (1Crônicas13: 12).

Foi a resposta a essa inquietação que consolidou esse belemita como um homem especial para Deus. Ao compreender que, se é para o Senhor, não pode ser de qualquer jeito, ele passou a buscar excelência em tudo o que empreendia ou oferecia ao Amado de sua alma.

Já no fim da vida, farto de dias, Davi ainda ansiava por surpreender o coração de Deus e dar a Ele algo que fosse digno de sua grandeza. Decidiu então construir uma casa, ou melhor, um palácio para Deus. E, embora não lhe tenha sido permitido fazê-lo diretamente, preparou tudo para que seu filho, Salomão, pudesse edificar um templo em Jerusalém que se tornou não apenas expressão de grandeza para as nações, mas um lugar tão digno que, quando foi consagrado, Deus o encheu com sua glória ao ponto de os sacerdotes não terem espaço para ficar em pé nele. E suas palavras foram:

> Agora estarão abertos os meus olhos, e atentos os meus ouvidos à oração que se fizer neste lugar. Pois agora escolhi e santifiquei esta casa para que nela esteja o meu nome para sempre; e nela

estarão fixos os meus olhos e o meu coração em todo o tempo (2Crônicas 7:15-16).

Antes, quando Davi em seus últimos dias transmitia a Salomão a missão e os recursos para edificar o templo, suas palavras revelam os segredos da excelência que fizeram dele o homem que Deus sempre buscou. Ao lermos o capítulo 29 de 1Crônicas, podemos compreender o que significa fazer conforme o coração do Senhor.

A excelência está em fazermos para Deus melhor do que fazemos para os homens, melhor do que fazemos para nós mesmos. Ao dizer, "porque não é palácio para homem, senão para o Senhor" (v.1), Davi expressa a sublimidade de seus propósitos. Aliás, o que o instigou a construir uma casa para o Altíssimo foi a inquietação do seu coração, que dizia: "Eis que eu estou morando numa casa de cedro, e a arca de Deus dentro de cortinas?" (2Samuel 7:2). Ele não podia admitir que a porção do seu Amado fosse inferior à sua própria porção.

A excelência demanda preço, esforço e total dedicação. O testemunho público do rei em sua velhice foi:

> Eu, pois, com todas as minhas forças já tenho preparado para a Casa do meu Deus ouro para as obras de ouro, e prata para as de prata, e cobre para as de cobre, e ferro para as de ferro, e madeira para as de madeira, e pedras sardônicas, e as de engaste, e pedras de ornato, e obra de embutido, e toda sorte de pedras preciosas, e pedras marmóreas em abundância (v. 2).

Prestou atenção? "Com todas as minhas forças..."

Desde o dia em que viu Uzá tombar diante da arca, Davi decidiu que nunca mais construiria carros de boi, que nunca mais investiria em artifícios humanos que substituíssem os ombros, o zelo e o trabalho de um verdadeiro sacerdote. "Não oferecerei a Deus sacrifício que não me custe alguma coisa" (2Crônicas 21:24) foi um princípio que ele guardou até o fim de sua vida.

A verdadeira excelência na devoção só pode ser concebida pelo amor. O esforço por si só ainda não é o suficiente. Por que Davi reservou tantos tesouros para a obra? Ele diz: "porque amo a casa de meu Deus" (v. 3). Não havia uma lei que o obrigasse. Não eram os homens que cobravam. Não se tratava apenas de obedecer ou ceder.

O que movia Davi ao exagero para Deus era a paixão que queimava em seu coração. Muito antes do tempo, ele descobriu que o "caminho sobremodo excelente" é o amor (leia 1Coríntios 12:31). Quem não ama, não chega lá.

A excelência que honra ao Senhor é fruto de uma voluntariedade pessoal. Ela não pode ser terceirizada. "O ouro e a prata particulares que tenho dou para a casa de meu Deus, afora tudo quanto preparei para o santuário" (v. 3), essas foram as palavras do ancião de Judá. Ele entendia que, ainda que outros pudessem participar da mesma visão, ainda que seu filho Salomão fosse o grande executor da obra, nada poderia substituir o seu investimento pessoal que ele havia feito.

A excelência não reconhece as raias do exagero. Ela nunca acha que algo é muito para Deus. Davi entesourou e ofertou "cem toneladas do mais puro ouro e duzentos e quarenta mil quilos de prata pura para revestir as paredes do santuário" (v.4). Como a pecadora que quebrou o seu vaso de alabastro e derramou sobre Jesus o caríssimo perfume, como as viúvas que ofertaram o seu último sustento, como Paulo que não considerou a própria vida por preciosa, como tantos que pela sua fé têm sido chamados de loucos ou fanáticos, Davi estava resolvido a dar ao Senhor o exagero do seu melhor. Nada menos que isso.

A excelência, quando vivida, desafia, inspira, instiga outros a se moverem na mesma dimensão. Do alto do seu exemplo, Davi conclama o povo: "Quem, pois, está disposto a encher a sua mão, para oferecer hoje voluntariamente ao Senhor?" (v. 5). O resultado, não só desse apelo, mas desse modelo, foi um mover coletivo de ofertas de excelência ao Senhor. Toneladas de ouro, prata e muitas riquezas foram trazidas para a construção. E quando a obra acabou, Deus se agradou de tal maneira da casa que decidiu manifestar nela a sua glória e habitar ali.

Hoje estamos nós também debaixo desse chamado. A cruz revelou para nós a excelência do amor celestial. Que resposta podemos dar a ela, senão oferecer ao Amado de nossa alma o nosso melhor? Em tudo o que façamos, precisa ser encontrada a marca da paixão. Não faz sentido oferecer qualquer coisa a um Deus que foi ao cúmulo do amor, dando seu Filho em resgate por nós. Seja nosso tempo, dinheiro, capacidade ou qualquer outra coisa, se for para Ele, o exagero nunca será demais!

DECIDA VIVER ALÉM DA OBRIGAÇÃO

> *Respondeu-lhe Jesus: Amarás o Senhor, teu Deus, de todo o teu coração, de toda a tua alma e de todo o teu entendimento. Este é o grande e primeiro mandamento.*
> MATEUS 22:37-38

Se você faz ou deixa de fazer coisas apenas por medo das consequências, você está debaixo da lei. Se, por outro lado, você faz ou deixa de fazer as mesmas coisas por estar absolutamente apaixonado pelo Senhor, você descobriu o que é viver na graça.

Quando resumiu os mandamentos em amar a Deus de todo o nosso coração, de toda a nossa alma e de todo o nosso entendimento, e como consequência disso amar o nosso próximo como a nós mesmos, Jesus estava apontando para a essência do relacionamento que o Pai quer desenvolver conosco.

A maioria dos cristãos vive em busca de uma lista do que pode e do que não pode. Eles querem apenas regras para cumprir. Por outro lado, o anseio do coração de Deus é que nos relacionemos em amor com Ele. Isso deveria mudar completamente o eixo das nossas ações. Ao invés de tomarmos a lei como base para não transgredirmos e, como consequência, não sermos punidos, deveríamos tomá-la apenas como uma expressão pálida do que Deus deseja de nós e, a partir dessa sombra, pautar nossas ações numa única motivação, agradá-lo por amor.

Deixe-me exemplificar. Há cristãos que questionam se a prática de entregar os dízimos tem valor na Nova Aliança ou se é um preceito apenas para o Antigo Testamento. Em primeiro lugar, as primeiras referências a dizimar são anteriores à Lei de Moisés. Abraão e Jacó, sem um mandamento que os obrigasse a isso, já separavam a décima parte do que ganhavam para honra o Senhor (leia Gênesis 14:20 e 28:22). Só isso já deveria inspirar-nos a fazê-lo também.

A Lei de Moisés veio para tratar com os duros de coração. Aqueles que não são sensíveis o suficiente para perceber o coração de Deus precisam de regras e também de punições. Sendo assim, aquilo que os pais da fé praticaram por amar a Deus, os filhos de Israel deveriam fazê-lo ao menos para não desonrá-lo. E a fim de que aprendessem esse caminho, seriam punidos pela desobediência. É por isso que o apóstolo Paulo diz que "a lei nos serviu de aio para nos conduzir a Cristo" (Gálatas 3:24). Você sabe o que é um aio? Um tutor, um guia de meninos. Ou seja, os mandamentos da Lei e as punições decorrentes da transgressão deveriam apenas nos levar à prática plena e livre daquelas verdades.

Pense na história do povo de Deus como o processo pelo qual um pai educa o seu filho. No começo, são necessárias as regras e a vara. Limites são estabelecidos e ensinados, assim como punições exercidas diante da transgressão. Ao menos essa é a maneira bíblica de se criar filhos. Obviamente, esse processo desgastante de ensino e correção visa a um fim desejável: a maturidade. O propósito de todo bom pai é que chegue o dia em que seus valores estejam tão firmes no coração de seu filho, que não sejam mais as regras que o façam agir de forma correta, mas a convicção interior de viver conforme os valores que recebeu.

A igreja do Novo Testamento foi levantada para ser a expressão da maturidade da igreja do Velho Testamento. A Lei e os juízos só mostraram o que o Pai queria em termos de valores para nós. Agora, não mais sujeitos às regras e à punição, devemos viver em plenitude e amor aquilo que na nossa criancice nos foi imposto por meio de mandamentos frios.

Voltemos ao exemplo dos dízimos. Na Lei de Moisés, eles eram mandamento. Na Lei de Cristo, são muito mais do que isso! Falando a fariseus de coração ainda endurecido, Jesus disse:

> Ai de vós, escribas e fariseus, hipócritas, porque dais o dízimo da hortelã, do endro e do cominho e tendes negligenciado os preceitos mais importantes da Lei: a justiça, a misericórdia e a fé; deveis, porém, fazer estas coisas, sem omitir aquelas (Mateus 23:23).

Em outras palavras, Jesus estava reprovando esses homens, não porque ele praticavam o preceito do dízimo, mas porque continuavam agindo como crianças, apenas baseados na obrigação e na punição, e não como expressão de sua fé, misericórdia e testemunho. Perceba a afirmação do Senhor: "deveis fazer estas coisas (dar o dízimo), sem omitir aquelas (fazê-lo com a motivação correta e madura)".

Isso funciona para todos os outros valores codificados no Antigo Testamento em forma de mandamentos. Não adulterar é uma regra da Lei e cuja transgressão deveria ser punida com morte. Na graça, porém, não adulterar vai muito além de não quebrar os limites do casamento e ser punido por isso. Na graça, uma pessoa resiste a adulterar, não apenas para não ser punida, mas para não ferir o coração de Deus e o coração de quem ela ama. Por isso, Jesus falou: "Ouvistes que foi dito: Não adulterarás. Eu, porém, vos digo: qualquer que olhar para uma mulher com intenção impura, no coração, já adulterou com ela" (Mateus 5:27-28). Quem ama não está preocupado apenas com a regra fria, mas com os valores que ela representa. Na graça, na maturidade da fé, honrar vai muito além de obedecer pura e simplesmente. Honrar é fazer além, só por amor.

Imagine que você tenha ensinado o seu filho a honrar os mais velhos. Por anos, isso foi uma regra para ele, mantida sob pena de correção. Agora, porém, ele é adulto e você, um ancião. Que expectativas você tem nele? Que se esqueça do que aprendeu e não o pratique com você? Que o pratique sem sentimento, como perpetuação das velhas e frias obrigações? Ou que transforme a honra na mais livre e abundante expressão de amor a quem deu os melhores anos de sua vida por ele? Pronto, você entendeu a graça. Viva isso em relação ao seu Pai celestial.

CAPÍTULO 7

Considere o quanto vale e não o quanto custa

Eu costumo dizer que tudo o que conquistamos na presença de Deus é por graça, mas nunca é de graça. Não houvesse Ele tido misericórdia de nós e pagado o preço pelos nossos pecados, estaríamos irremediavelmente alijados de sua presença. Não fosse seu investimento em nós, todo o nosso esforço não seria suficiente para nos tornar dignos diante de sua santidade. Portanto, sem a graça de Deus, nos restaria a nossa desgraça.

Por outro lado, tudo no reino nos custará um preço. Ao dizer que, sem tomar a nossa cruz de cada dia, não poderíamos segui-lo (leia Mateus 16:24), Jesus deixou claro que a renúncia faz parte da aliança.

Nossas grandes conquistas demandarão um custo. Precisamos estar dispostos a pagá-lo. Isso não será difícil, se colocarmos os olhos no resultado em vez de no processo. O nosso foco tem de estar no valor de cada conquista, e não em quanto ela nos custará.

Entenda que, antes de usá-lo em processos de transformação, o Senhor está ocupado em transformar a sua vida. Se as coisas vão mudar à sua volta em consequência da sua ação é porque elas já terão mudado em você como consequência da ação de Deus. O preço disso será alto. O valor, mais ainda!

A OBRA MAIS IMPORTANTE DE DEUS É VOCÊ

Eu te conhecia só de ouvir falar, mas agora os meus olhos te veem. Por isso, me abomino e me arrependo no pó e na cinza.

Jó 42:6

O que é prosperar? Prosperar é avançar na direção do plano de Deus para a minha vida. Essa é a minha melhor definição.

Imagine duas situações na primeira, um homem muito rico e respeitado, bem-sucedido, chefe de uma família unida e amorosa, cheio de saúde. Ele está diante de um altar, prestando culto a Deus. Na segunda, um homem falido, que perdeu tudo o que tinha, inclusive a saúde e a família. Ninguém o respeita e ele está diante do mesmo altar, prestando culto a Deus... Qual desses homens deve ser considerado próspero?

Eu estou falando de um mesmo homem, em momentos distintos de sua vida. Seu nome era Jó e, surpreendentemente, era na segunda cena que ele estava prosperando, pois estava caminhando para o que Deus queria.

Quer outro exemplo? O ápice do êxito na vida do homem Jesus não aconteceu quando sua fama se espalhou por toda a Galileia, Judeia e circunvizinhança, nem quando o povo quis aclamá-lo como rei. Jesus chegou ao topo da prosperidade na cruz, entregando sua vida e cumprindo, finalmente, a grande missão pela qual tinha vindo à Terra.

Voltando à história de Jó, tratava-se de um homem admirável. Sua integridade impressionava até Deus. Sua vida era um modelo em praticamente todas as áreas. no entanto, de repente, houve uma "aposta" no céu. Satanás, como muitas vezes faz em relação a nós, quis provar a Deus que aquele homem não passava de um interesseiro. E o Senhor "colocou a mão no fogo" por seu servo e aceitou o desafio do inferno. Mas não era uma brincadeira. Deus não brinca com nossas vidas! Por trás de todo o processo doloroso que seria deflagrado na vida de Jó, o Senhor tinha a intenção de fazer uma obra em seu coração, quebrando o engano da justiça própria.

Chegou, então, o dia das más notícias. Jó, num lapso curtíssimo de tempo, perdeu tudo o que tinha. Faliu financeiramente, sofreu a morte dos dez filhos numa catástrofe e, enfim, caiu enfermo de uma grave doença. Foi para o fundo do poço. Enfermo, pele e osso, ele ainda teve de amargar as acusações de seus amigos e a apostasia de sua mulher.

O que mais afligia sua alma era a terrível indagação: Por que tanto sofrimento? No capítulo 3 do livro que conta sua história, ele atira esta pergunta dezesseis vezes para o céu, sem obter resposta. Até aqueles que poderiam ajudá-lo, seus amigos, pioraram a situação. Elifaz, Bildade e Zofar, após sete dias de silêncio, abriram os lábios para acusar Jó. Por vinte e sete capítulos (do 4 ao 31), um diálogo de acusações e defesas resume o sofrimento desse servo de Deus. Seus amigos dizem: "Você é mau, por isso está sofrendo". Jó responde: "Eu sou bom. Deus está sendo injusto comigo".

O surpreendente é que quando o Senhor se revela, não responde às interrogações de Jó. Ao contrário, mostra sua grandeza em face à insignificância do homem. Ao invés de responder, Deus enche Jó de perguntas. E é aí, no capítulo 42, que vem "gande virada", e ela acontece, em primeiro lugar, porque Jó tem uma visão da grandeza e, especialmente, da soberania de Deus. Talvez, pela primeira vez na vida, ele vê Deus como Deus, não como um homem forte. "Então respondeu Jó ao Senhor: Bem sei que tudo podes e que nenhum dos teus planos pode ser frustrado... Eu te conhecia só de ouvir falar, mas agora os meus olhos te veem" (Jó 42:1,2).

Enquanto não enxergarmos e aceitarmos a soberania de Deus, nunca provaremos a plenitude da prosperidade. O Deus que dá tudo, tem o direito de requerer tudo.

Jó precisou abrir mão do orgulho e da justiça própria. Diante de um encontro com o Senhor, ele teve uma visão de sua miséria e indignidade. Suas palavras foram:

> Quem é este, como disseste, que sem conhecimento encobre o conselho? Na verdade, falei do que não entendia. Coisas grandes demais para mim. Coisas que eu não entendia. Eu te conhecia só de ouvir falar, mas agora os meus olhos te veem. Por isso, me abomino e me arrependo no pó e na cinza (Jó 42:3,5,6).

Jó era bom e íntegro. Era fiel. Faltava-lhe apenas uma coisa: ser humilde. Por isso, com o propósito de torná-lo um homem quebrantado, Deus o expôs às perdas e ao Diabo. Não foi uma aposta irresponsável. Era, antes de tudo, uma cirurgia profunda na alma daquele homem, para torná-lo alguém melhor.

Jó teve também de aprender a dar sem a perspectiva de receber de volta. Antes, ele abençoava as pessoas porque tinha de sobra e todos o honravam. Por muitos anos, colheu os dividendos da sua bondade. Agora, porém, Deus o desafiava a ser uma bênção na escassez, mesmo na vida daqueles que não lhe pareciam dignos. E é impressionante o que está escrito no versículo 10 do capítulo 42: "Deus mudou a sorte de Jó enquanto ele orava pelos seus amigos".

Há duas coisas maravilhosas a considerar aqui. Primeiro, ele foi desafiado a servir e abençoar ainda falido, envergonhado e doente! Quando alguém age assim, é porque entendeu as prioridades da vida. Em segundo lugar, foi levado a começar por aqueles que lhe pareciam indignos da bênção, os amigos que o havia esmagado com acusações.

Muitas vezes, do alto da justiça própria que carregamos, nos assemelhamos ao religioso da parábola contada por Jesus, que desprezava o publicano em seu coração. Porém, a prosperidade segundo Deus, nos faz ser, antes de tudo, abençoadores.

Quem olha para a última cena da vida de Jó, depois de ter gerado outros dez filhos, ser curado e receber duplicada a fortuna que perdera, certamente diz: aqui está um homem próspero. Mas havia mais do que riqueza visível nessa fase de sua história. Havia um coração tratado. E esse tesouro foi conquistado em meio à profunda dor. Sob essa perspectiva, o fundo do poço foi o lugar onde Jó mais prosperou em Deus. Ele finalmente descobriu que a grande obra que o Todo-poderoso tinha a fazer era nele, e não por meio dele.

AS DORES SECRETAS DOS CAMPEÕES

Naamã, chefe do exército do rei da Síria, era um grande homem diante do seu senhor e de muito respeito; porque por ele o Senhor dera livramento aos siros; e era este varão homem valoroso, porém leproso.
2 Reis 5:1

Naamã era um verdadeiro campeão. Sua vida e seus feitos eram inspiração para toda uma nação. Era líder (comandante do exército), tinha prestígio e respeito, havia sido usado por Deus e tinha muito valor. Apesar de todas as suas virtudes e da admiração de que se fizera digno, havia um "porém" em sua vida. Sua trajetória de sucesso e seu prestígio contrastavam com um detalhe incômodo, uma incoerência, uma mancha que comprometia as cores de sua vida: Naamã era leproso.

O mundo está cheio de pessoas admiráveis, verdadeiros campeões, mas que precisam, ao entrarem em casa e se olharem no espelho, enfrentar uma realidade difícil e destoante do resto. Gente que, como Naamã, conquista, luta, abençoa, inspira, mas vive o choque de ter de encarar uma anomalia em sua intimidade.

O "porém" é sempre uma nota destoante, um contraste que nos desafia e sobre o qual não temos domínio. São situações que maculam do caráter geral de nossa vida, que constantemente nos confrontam, roubando-nos a alegria de nossas conquistas.

Imagine Naamã, depois de um dia de honrarias ou de vitória, chegando em casa, tirando suas medalhas, suas roupas de grande general e enfrentando a realidade da lepra diante do espelho.

No caso desse admirável comandante sírio, o drama que roubava a paz e a alegria era uma enfermidade, como em muitas vidas hoje. Outros têm de enfrentar conflitos familiares, relacionamentos quebrados, a cama vazia de um filho que preferiu as ruas, a aliança no dedo que é a única coisa que sobrou de um sonho chamado casamento. Os "Naamãs" de hoje são pais que trabalham como burros de carga por suas famílias, mas não conseguem prosperar e dar-lhes um mínimo de segurança ou conforto; são empresários bem-sucedidos, mas que vivem às voltas com uma sexualidade confusa e distorcida; são líderes que controlam muita gente, mas não conseguem mais falar ao coração de suas esposas... Enfim, estamos cercados por gente preciosa e de grande valor, mas que tem a vida marcada e, às vezes, estragada por um problema.

A história de Naamã nos mostra que o "porém", apesar de ser uma imposição da vida, não tem que ser uma sina a ser cumprida. Há uma maneira de arrancar o que macula a nossa existência e viver uma nova realidade!

O caminho para isso é, antes de tudo, dar ouvidos à Palavra de Deus. O Senhor move céus e terra para nos enviar a sua Palavra. No caso de Naamã, o instrumento foi uma simples escrava israelita. Apesar de não ter o status de pregadora, aquela menina pobre tinha uma direção que podia mudar a sorte do grande general, e a palavra dela encontrou eco no coração do que estava leproso (leia 2Reis 5:2-4). E aquele grande general teve a nobreza de dar valor a uma direção profética, mesmo vinda de alguém "menor" do que ele.

Naamã teve também que se abrir para a perspectiva do sobrenatural em sua vida. Ele estava acostumado a conseguir o favor de homens poderosos e, por isso, buscou o rei de Israel, mas desta vez não seria um político, mas um profeta a dar solução para o seu problema (leia 2Reis 5:5-8). Há momentos em que precisamos desistir dos meios naturais para mergulhar no poder de Deus. Enquanto insistirmos em nossa racionalidade, nada conseguiremos.

Talvez você sofra circunstâncias para as quais tentou encontrar soluções naturais ou humanas sem sucesso. Quem sabe tenha chegado a hora de considerar o poder de Deus. Pela fé é possível reverter quadros insolúveis. No entanto, é necessário abrir mão do orgulho.

Nossos preconceitos e gostos pessoais podem se tornar a maior amarra contra a manifestação do poder de Deus. Quando Naamã se encontrou com o profeta Eliseu, este lhe deu uma direção inspirada por Deus para que ele fosse até ao Jordão e ali mergulhasse sete vezes. Era uma prova de fé, humildade e perseverança que ele teria de passar.

A princípio, Naamã resistiu, racionalizou. Sua religião e sua cultura diziam que em Damasco, sua terra, havia rios muito mais dignos do que o Jordão com suas águas barrentas. No entanto, era preciso abrir mão desses preconceitos e da vontade própria para experimentar o milagre. Afinal, "Deus resiste aos soberbos, mas dá graça aos humildes" (Tiago 4:6).

Naamã finalmente entendeu que a obediência era sua única esperança e decidiu fazer conforme a palavra do profeta. Imagine como isso foi desafiador para aquele homem! Ponha-se no lugar dele, tirando suas roupas e condecorações diante dos seus servos para assumir a fé no Deus de Israel, o único Deus verdadeiro, Criador de todas as coisas, mas que até então ele não conhecia.

Naamã teve de entender que, para acabar com o "porém", era preciso sujeitar-se radicalmente a Deus e à sua Palavra. Eram necessários sete mergulhos. Noventa e nove por cento de fidelidade seria cem por cento de infidelidade. Se queremos ver a vergonha aljada de nossa história, temos de decidir obedecer completamente.

Mergulhar sete vezes no Jordão representou para aquele homem a obediência total e, mais que isso, a perseverança. Ir até o fim é a virtude dos que conquistam milagres. Muitos, hoje, ficam frustrados e sem a bênção porque se entregam parcialmente ou caminham apenas até certo ponto, mas não permanecem firmes até o fim. Fazem mais a conta dos custos, em detrimento do valor da conquista.

Quando Naamã saiu das águas do Jordão, não era apenas um homem curado. Era um siro apaixonado pelo Deus de Israel, que ele conhecera por meio da submissão total. O preço da obediência ficou barato diante do lucro da libertação.

PAGANDO O PREÇO DA MATURIDADE

Disse mais o Senhor a Josué: Hoje, removi de vós o opróbrio do Egito; pelo que o nome daquele lugar se chamou Gilgal até o dia de hoje.
JOSUÉ 5:9

Israel havia passado o Jordão, estava pisando pela primeira vez como nação na terra que o Senhor havia prometido aos seus pais. Toda uma geração levantada no deserto, ávida por conquista, acampou nas campinas de Gilgal, esperando ansiosamente o comando para possuir Canaã. As promessas de Deus, tantas vezes repetidas por Moisés e então por Josué, o novo líder da nação, seriam o seu respaldo. Ainda assim, Deus os segurou por alguns dias em Gilgal e fez com que a ansiedade daquele povo concedesse lugar a um tempo de tratamento que seria imprescindível para a grande conquista que os aguardava.

Em Gilgal aconteceram algumas coisas fundamentais. As promessas de Deus, a unção de milagres e até mesmo a fé, a disposição que havia no coração daquela gente ainda não eram suficientes para transformá-los num povo conquistador no nível que Deus queria. Por isso, o Senhor os fez parar ali para selar neles o caráter de conquistadores.

O primeiro fato importante que ocorreu naquela parada foi a circuncisão de todos os homens da nação. Deus ordenou: "Faze facas de pederneira e passa, de novo, a circuncidar os filhos de Israel" (Josué 5:2). Foi um tempo de profunda dor. O prepúcio foi cortado em cada israelita com facas de pedra. A carne foi ferida para dar lugar a uma vida de sujeição a Deus.

A circuncisão fazia parte da aliança de Deus com Abraão. Ele ordenou:

> Guardarás a minha aliança, tu e a tua descendência no decurso das suas gerações. Esta é a minha aliança, que guardareis entre mim e vós e a tua descendência: todo macho entre vós será circuncidado. Circuncidareis a carne do vosso prepúcio; será isso por sinal de aliança entre mim e vós (Gênesis 17:9-11).

Portanto, tratava-se de um selo de aliança, uma marca visível na vida dos israelitas de que eles eram de Deus.

Na Nova Aliança, a circuncisão é do coração (leia Romanos 2:29), mas seu significado é o mesmo do Antigo Testamento. Se não permitirmos que nossa carne, nossa natureza pecaminosa, seja ferida e se não revelarmos marcas visíveis de nosso compromisso com Cristo, nunca estaremos prontos para o nível de conquista que Deus quer nos dar. Isso custará um preço! O que a Bíblia chama de "despojamento da nossa carne" (leia Colossenses 2:11) é um processo de autonegação, de morte para nós mesmos, de crucificarmos desejos humanos para cumprirmos a vontade de Deus. Em outras palavras, santificação.

Um verdadeiro israelita era identificado pela circuncisão. Se ele não trouxesse esta marca em seu corpo, não teria direito algum à herança de Deus. Semelhantemente, nós também somos identificados e respaldados por uma marca, não no corpo, mas no procedimento. A santidade é a única coisa notável que pode nos diferenciar do mundo.

Há uma frase que chama a minha atenção no relato bíblico: "Tendo sido circuncidada toda a nação, ficaram no seu lugar no arraial, até que sararam" (Josué 5:8). Talvez tenhamos que atentar melhor para essa verdade. Às vezes, na nossa pressa para conquistar, nos apresentamos ou lançamos mão de pessoas que não estão curadas, vidas cujas marcas de santidade ainda são frágeis e as expõem diante do inimigo. Não falo de gente perfeita, claro, mas de cristãos que claramente decidiram ter uma vida de aliança com Deus e já apresentam um comportamento consolidado nesse princípio. Esses, sim, estarão prontos para conquistar. Se, de outro modo, ainda não sararam, é melhor que permaneçam no arraial por mais um tempo.

A outra grande verdade estabelecida em Gilgal foi um assumir de responsabilidade. Diz a Bíblia que Israel celebrou a Páscoa ali e

> comeram do fruto da terra, no dia seguinte à Páscoa; pães ázimos e cereais tostados comeram nesse mesmo dia. No dia imediato, depois que comeram do produto da terra, cessou o maná, e não o tiveram mais os filhos de Israel; mas, naquele ano, comeram das novidades da terra de Canaã (Josué 5:11-12).

Naquele grande ato profético, eles estavam assumindo a postura de conquistadores e a responsabilidade pelas conquistas. Não mais veriam o maná caindo do céu, não mais seriam crianças, mas teriam de plantar e colher, trabalhar para desfrutar. Por mais que isso fosse feito debaixo da bênção de prosperidade do Senhor, dependeria do investimento de cada um.

Estou certo de que Deus chamou você para ser um conquistador, mas não adianta tentar cumprir esse propósito de qualquer maneira. Sem santidade e sem assumir uma postura de maturidade, fazendo de sua semeadura o argumento para prosperar, não adianta sair para a conquista. É melhor "perder um tempo" em Gilgal do que perder a vida em Canaã. Vale pagar o preço estabelecendo fundamentos para depois gozar de tudo o que Deus prometeu.

CAPÍTULO 8

Viva para agradar a Deus e pessoas seguirão você

Parece paradoxal, mas a grande tentação que pode derrubar um homem chamado para influenciar homens é viver em função da aprovação humana.

Quando admitimos em nosso coração o sofisma de que, para sermos relevantes no mundo temos de ser populares, abdicamos de nossa verdadeira identidade: servos de Deus.

O segredo da influência não está em falarmos o que as pessoas querem ouvir nem em viver como elas acreditam ser a melhor forma. O segredo está em revelarmos aquilo que elas não têm: a presença de Deus. Para isso, nosso caminho passa necessariamente por conhecermos o Senhor e submeter-nos ao seu propósito.

Muitos cristãos invertem as coisas. Tentam agradar as pessoas e influenciar o Senhor em favor delas. No entanto, o processo é inverso! Quando vivemos em função de agradar a Deus, Ele reparte conosco virtudes que não existem no mundo e nos faz representantes da sua natureza. É justamente essa radical diferença celestial em nós que chamará a atenção dos homens e fará com que sejamos relevantes. A máxima do "ser diferente para fazer a diferença" ganha sentido quando a diferença que temos nasce de nossa relação com Deus. É quando Ele se agrada de nós que o mundo nos percebe.

AS MARCAS DE UM SACERDÓCIO FIEL

E eu suscitarei para mim um sacerdote fiel, que procederá segundo o meu coração e a minha mente, e eu lhe edificarei uma casa firme, e andará sempre diante do meu ungido.
1 Samuel 2:35

Essa profecia é uma resposta de Deus a uma geração sacerdotal reprovada. Eli e seus filhos, por causa de seu mau testemunho e corrupção ministerial, eram os responsáveis pela perda da glória em Israel e pelo esfriamento espiritual da nação. Por isso, Deus enviou um profeta para proclamar juízo sobre aquele ministério leviano e prometeu levantar um sacerdócio fiel, que fizesse o caminho oposto, que trouxesse a *shekinah* de volta e estabelecesse o reino, palavra que acabou se cumprindo por meio da vida de Samuel.

Em nossos dias, temos de admitir que uma parte da igreja porta-se como a casa de Eli. Somos milhões de crentes no Brasil, mas não temos trazido ainda a glória de Deus às nossas cidades e à nossa nação porque nosso testemunho não sustenta nossa pregação. A corrupção da igreja precisa ter uma resposta.

Assim como nos dias de Samuel, o Senhor não está passivo. Ele tem promessas a cumprir, e isso passa pela necessidade de que se levante uma geração santa, uma igreja que traz de volta a honra, o governo e a glória de Deus. A promessa de levantar um sacerdote fiel precisa encontrar um lugar para se cumprir em cada um de nós.

Ao olharmos para 1Samuel 2:25, temos condições de entender quais eram as marcas desse sacerdote fiel. Em primeiro lugar, ele foi levantado por Deus, foi fruto da graça. O Senhor disse "Eu suscitarei"...

A geração sacerdotal que trará a nação de volta para o Senhor não é fruto de autopromoção nem de marketing religioso. Deus a levantará pelo seu próprio poder. Os homens e as mulheres que Ele usará para o avivamento simplesmente aparecerão, como Samuel, do serviço humilde na Casa do Senhor, sem propaganda nem subterfúgios humanos.

Em segundo lugar, o sacerdote fiel é alguém que vive para Deus. Ao dizer "Eu suscitarei para mim", o Senhor revelou seu desejo de ter nas mãos homens consagrados. O seu velho desejo é ter-nos para si. Mais do que nossos resultados, Ele nos quer. Não pessoas que vivam em função de seus próprios desejos nem em função do aplauso dos outros, mas que o elejam como centro da vida deles.

É muito fácil usarmos o Senhor como pretexto para alcançarmos os nossos próprios ideais. No entanto, a geração que trará o reino é uma geração que vive para Ele, gente cujo único propósito é agradar o coração de Deus.

Outra marca do sacerdote fiel é que ele ama o que Deus ama, ou seja, é apaixonado por vidas. Digo isso porque o Senhor tem um coração passional que o move. A promessa foi "levantarei um sacerdote que procede segundo o meu coração...". Essa perspectiva nos coloca em contraste com a proposta da religião, que apresenta um Deus frio, que requer apenas correspondência a regras, dogmas e ritos. O Senhor nos chama para entender o que está em seu coração, receber e viver pela paixão que Ele nutre pelos homens. Ele quer que caminhemos no compasso do seu amor.

Contudo, não é somente o coração de Deus que move o sacerdote fiel, é também a sua mente. O texto bíblico diz: "procederá segundo o meu coração e a minha mente". Isso quer dizer que o sacerdote fiel se submete aos valores superiores (e às vezes incompreensíveis) do Senhor. Em outras palavras, não é a mentalidade do mundo ou da atual geração que formata as ações dele, mas a vontade do Pai. Para ele, as Escrituras são realmente o único e absoluto parâmetro de fé e prática.

A promessa sobre essa geração sacerdotal que a graça levantará vai além da individualidade. O Senhor disse: "Eu lhe edificarei uma casa estável". Isso significa que nossas famílias devem ser base e extensão do nosso ministério. Deus nunca pensa em nós excluindo a nossa casa. Todos os seus planos incluem família e descendência, desde o princípio. Por isso, faz parte do seu propósito edificar nossas casas como casas estáveis, firmes. Eli não entendeu isso. Ele quis cumprir o sacerdócio sem governar os próprios filhos, com isso absteve-se de fazer deles um ministério santo. Exatamente por isso, foi rejeitado. Se quisermos ser o sacerdócio fiel desta geração, precisaremos trazer nossa família para o centro desse chamado.

A última expressão do versículo que estamos dissecando é esta: "e andará sempre na minha presença". A verdade aqui estabelecida é que o sacerdote fiel mantém-se diante do Senhor, ou seja, age sem perder o relacionamento com Deus. Andar diante do Ungido é manter proximidade, valorizar a intimidade e submeter-se à unção. O sacerdote fiel é, portanto, não apenas alguém que serve com intensidade, mas que se relaciona intensamente com o Espírito Santo. Ele não tem somente uma missão a cumprir, mas um relacionamento a desenvolver. E é daí que parte todo o subsídio para as qualidades anteriormente citadas.

É tempo de resgatarmos o sacerdócio fiel. O que os filhos de Eli fizeram pode ser revertido se houver um Samuel crescendo na Casa de Deus. Que sejamos eu e você o cumprimento desse desígnio celestial.

REJEITE A LOUCURA DO CULTO SEM DEUS

Então o Senhor disse a Moisés: "Desce, porque o seu povo, que tiraste do Egito, corrompeu-se."
Êxodo 32:7

Temos aqui nesse episódio bíblico um chocante contraste. No cume de um monte, Moisés tem um encontro com o Senhor que já dura quarenta dias. Ali ele se consagra em jejum e recebe as tábuas da Lei escritas pelo dedo do próprio Deus. Ao pé do monte, o povo que o Senhor libertara do Egito faz um culto muito alegre, mas abominável, porque é um culto que prescinde da presença do Senhor, pois tem a aparência, mas não tem a essência da adoração.

Vivemos dias de muita mistura na Casa de Deus. O bezerro de ouro de Arão tem muitas versões no Cristianismo do século 21. Há muito movimento, muito barulho, muita gente, muito rito, mas nem sempre tem a glória de Deus. E, pior, às vezes o que parece e não é sobe ao céu como uma grande abominação.

O episódio do bezerro de ouro pode nos levar a entender em que circunstâncias o nosso culto torna-se uma ofensa.

Em primeiro lugar, profanamos o altar quando não sabemos esperar pela glória. Moisés estava ausente por quarenta dias na presença do Senhor, prestes a trazer as tábuas da Lei escritas pela mão de Deus. Imagine que grande celebração irromperia no meio daquele arraial quando ele voltasse! No entanto, impacientes, o povo não estava disposto a andar no compasso do céu. E já que a glória estava demorando, aquelas pessoas decidiram fazer o culto sem a glória.

É mais fácil para o homem imitar a unção do que cultivar a unção. Fazer o que todo mundo faz é mais fácil do que viver o que poucos vivem. No entanto, isso não tem valor no mundo espiritual. Nem os demônios respeitam isso. Veja o exemplo dos filhos de Ceva, que tentaram expulsar demônios em nome de um Jesus que não conheciam (leia Atos 19:13-16).

A adoração que prescinde da Palavra, da Lei do Senhor, torna-se adoração corrompida. Ao desprezarmos o que Deus está escrevendo no monte, criamos ritos abomináveis. Se não temos compromisso com a Palavra, não temos aprovação no altar.

Por não esperar os comandos do céu, aquele povo criou um culto ofensivo a Deus. E como isso tem acontecido em nossos dias! O sincretismo e até mesmo a superstição têm entrado no arraial dos crentes de uma forma assustadora porque, entregues ao sensacionalismo, muitos desprezam o que está escrito.

Na sequência do relato bíblico, Deus acusou o povo de estar "desenfreado", sem domínio, entregue a si mesmo. É isso que acontece quando não há dirigentes firmes em sua aliança. "Não havendo profecia, o povo se corrompe; mas o que guarda a lei, esse é feliz" (Provérbios 29:18). Arão mostrou-se um líder fraco, ele estava mais preocupado em agradar o povo do que em manter a visão correta.

É terrível quando a igreja não tem direção, quando sua liderança é dirigida pelo marketing, pela necessidade de agradar os homens, para assim não perdê-los.

Jesus negou-se a ser um líder assim. Quando seu discurso e sua proposta foram avaliados como duros por muitos dos que o seguiam, levando muita gente a desistir, Ele não mudou o discurso, pois estava preocupado em fazer a vontade do Pai, e não em ser popular (leia João 6:60-69).

Vivemos dias em que muitos buscam líderes que lhes falem segundo o seu coração enganoso. Você não está seguro quando os ministros que o presidem só falam aquilo que o seu coração quer ouvir. Como bem profetizou Paulo a Timóteo,

> Virá o tempo em que não suportarão a sã doutrina; ao contrário, sentindo coceira nos ouvidos, juntarão mestres para si mesmos, segundo os seus próprios desejos. Eles se recusarão a dar ouvidos à verdade, voltando-se para os mitos" (2Timóteo 4:3-4).

Esse tempo já chegou.

A igreja também corrompe o seu culto quando se inspira nos hábitos do mundo sem Deus. De onde Arão e aquele povo tiraram o modelo do seu culto abominável? Do que viram no Egito! Quando o povo santo se abastece do mundo, e não do céu, compromete a sua adoração. O sincretismo é uma das grandes abominações que corrompem o culto evangélico no Brasil, em particular. Hoje vemos igrejas trazendo para o altar até elementos de feitiçaria, de idolatria, de superstição e de esoterismo.

O mundanismo é outro ingrediente de mistura na adoração. Por isso, cuidado com a fonte na qual você se inspira! Muitas pessoas tem trazido para o altar da igreja o que há de pior nos palcos do mundo: tietagem, exibicionismo, sensualidade, irreverência...

O episódio do bezerro de ouro também nos mostra que o povo de Deus corrompe o seu culto quando se satisfaz com a forma e prescinde da essência, que é a glória. O povo de Israel estava feliz! A festa, o barulho, a aparência era de um grande culto, mas o Senhor, o único digno de culto, não estava ali! Esta é a grande expressão da idolatria: o homem produzindo por si só o que substitui a presença de Deus em seu coração.

O bezerro de ouro dos nossos dias pode ser a música, o músico, a dança, o pregador, o encontro com os amigos, a bênção. Quando qualquer coisa que não seja a presença de Deus me satisfaz, ao ponto de eu não dar falta dela, entrei na ofensa da religiosidade vazia.

Creio que é tempo de reavaliarmos nossa devoção e seus fundamentos. É hora de voltarmos à essência, de cultivarmos a unção, de atrairmos a glória de Deus. Ele anda à procura de verdadeiros adoradores, que o adorem em espírito e em verdade. Gente que não se satisfaça com bezerros de ouro, mas que saiba esperar, ou melhor, atrair a sua presença.

UMA VISÃO QUE CORRIGE A SUA VISÃO

No ano da morte do rei Uzias, eu vi o Senhor assentado sobre um alto e sublime trono, e as abas de suas vestes enchiam o templo.
Isaías 6:1

Isaías não estava preparado para ser o profeta desenhado no coração de Deus. Sua visão de si mesmo, dos outros e do próprio Senhor era distorcida e precisava mudar.

O ponto central do seu testemunho nessa passagem em Isaías 6:1-8 é esta afirmação: "eu vi o Senhor". É a partir da visão que tem de Deus que esse homem sai do cenário obscuro em que se encontrava para lançar-se ao ministério profético e falar, da parte de Deus aos homens.

O Isaías que entrou nessa cena não foi o mesmo que saiu. Antes de ver o Senhor, Isaías era um homem triste e inseguro, talvez ressentido com Ele. Seu ponto de referência era a perda de um grande ícone em sua vida. Ele começa dizendo: "No ano em que morreu o rei Uzias..." (v. 1).

Esse homem deu sinais de que vivia ainda sob a tirania da culpa. "Estou perdido... sou homem de lábios impuros" era sua confissão. Tudo isso fazia dele uma pessoa de olhar negativo. Ao referir-se à nação à qual seria enviado, ele não conseguiu ver nada de bom: "habito no meio de um povo de impuros lábios" (leia v. 5). No entanto, a partir desse encontro com Deus, dessa revelação, ele mudou e tornou-se um grande profeta, alguém com um sentido e uma missão na vida muito claros.

A visão que um homem tem de Deus determina sua história. Foi por isso que Jesus, num determinado momento, perguntou aos seus discípulos: "Quem dizeis que eu sou?" (Mateus 16:15). Enquanto a imagem que eles tinham se baseasse em especulações humanas, e não em revelação, eles não estariam habilitados para crescer e muito menos para representa Jesus na Terra.

Há muitos que têm uma visão parcial ou distorcida de Deus e por isso não se relacionam adequadamente com Ele. É daí que nascem os altares contaminados. Como alguém pode adorar e servir ao Senhor se não o conhece?

Quando lemos o testemunho de Isaías, podemos compreender quem é o Deus que se revelou a Isaías e mudou os rumos da existência dele.

Primeiro, ele viu um Deus que governa soberanamente. Suas palavras foram: "eu vi o Senhor assentado sobre um alto e sublime trono" (v. 1).

O aspecto mais decisivo da revelação de Deus na vida de um ser humano é o seu senhorio. Ele se assenta no mais alto trono do Universo! Essa visão, perdida por Adão no Éden, precisa ser recuperada para que voltemos ao eixo. Ele é Senhor! Como diz o apóstolo Paulo em Romanos 14:9, "foi precisamente para esse fim que Cristo morreu e ressurgiu: para ser Senhor tanto de mortos como de vivos".

Ao ressuscitar, Cristo tinha uma declaração a fazer, e dela nasceu a missão de todo crente: "Jesus, aproximando-se, falou-lhes, dizendo: Toda a autoridade me foi dada no céu e na terra. Ide, portanto, fazei discípulos de todas as nações, batizando-os em nome do Pai, e do Filho, e do Espírito Santo" (Mateus 28:18). É a partir do reconhecimento da autoridade absoluta de Cristo sobre todas as coisas e, inclusive, sobre a nossa vida e nossas vontades, que podemos começar um relacionamento adequado com Ele.

Quando vemos o Senhor assentado no alto e sublime trono, nossos questionamentos caem por terra e nossas decepções são curadas. Não temos de entender por que Uzias morreu, nem precisamos ficar presos à queda de ícones terrenos. Há alguém no trono que decide tudo e de lá nunca cairá! Isso muda o eixo de sustentação das nossas vidas.

Quando Isaías vivenciou essa experiência, ele viu também um Deus capaz de encher todos os espaços: "e as abas de suas vestes enchiam o templo" (v. 2). O Senhor que pode transformar nossas vidas e dar-lhes sentido não é um deus acessório que acrescentamos como um detalhe aos muitos outros interesses de nosso coração, e que eventualmente pode ser substituído por um bezerro de ouro. Não! Ele é um Deus que enche tudo, que ocupa todos os espaços do templo, que somos nós, que se espalha seu reino e sua vontade sobre todas as áreas da nossa vidas sem que lhe imponhamos limites.

Enquanto nos relacionarmos com Deus mantendo reservas, não teremos ainda uma visão clara de quem Ele é. E enquanto sua presença e vontade não preencherem todas as nossas dimensões, sentiremos uma sensação de vazio que nos induz a correr atrás de algo que nunca encontraremos.

Além disso, o verdadeiro Deus que precisamos enxergar é um Deus Santíssimo. Isaías percebeu os serafins, e aqueles seres celestiais só tinham um assunto: "E clamavam uns para os outros, dizendo: Santo, Santo, Santo" (v. 3). A santidade de Deus precisa confrontar o nosso pecado, as nossas escolhas. Sem a visão de suas vestes alvíssimas, de sua pureza inegociável, o homem tentará fazer dele um bonachão, cúmplice dos seus desejos carnais. Ele, porém, é Santo, e diante de sua santidade temos de mudar, somos convertidos. Como diz Salmos 96:9: "Adorai o Senhor na beleza da sua santidade; tremei diante dele, todas as terras".

Isaías viu ainda um Deus que comanda uma guerra. Conforme a palavra dos serafins em sua visão, Ele "é o Senhor dos Exércitos" (v. 3).

É importante entendermos que o Senhor tem um inimigo, comandante de um império de rebelião. Por isso, Ele levanta-se e revela-se como *Yahweh Tsabaah*, o Senhor dos Exércitos. Sem o entendimento de que a vida cristã é uma constante guerra, de que há um inimigo a vencer e um "comandante" a obedecer, tornamo-nos passivos e tímidos. Enxergá-lo a frente de suas miríades coloca-nos no exercício de uma missão de conquista.

Finalmente, Isaías enxergou que *Yahweh* é um Deus cujo coração está voltado para o nosso planeta. A proclamação angelical em sua visão dizia: "toda a terra está cheia da sua glória" (v. 3). Apesar de assentar-se no trono de um Universo infinito, o Deus que se revelou a Isaías escolheu a Terra como centro de suas atenções. Ele faz a glória do seu rosto brilhar sobre ela por um simples motivo: Ele ama gente! E é por isso que, quando Isaías conseguiu ouvir a voz daquele a quem estava vendo, as palavras foram: "a quem enviarei, quem irá por nós?". E sua resposta não pôde ser outra diante da grande revelação que teve. Então, ele disse: "Eis me aqui, Senhor. Envia-me a mim" (leia v. 8).

Enquanto nossa visão pessoal de Deus não for estabelecida nos moldes da visão do profeta Isaías, correremos muitos riscos em nossa devoção e ministério. Se o Senhor não for tudo isso em nós, a tentação de viver para agradar aos homens, de perder-nos em esforços performáticos para chamar a atenção de quem está à nossa volta, nos ameaçará. Apenas aqueles que sabem quem realmente Deus é viverão "dele, por ele e para ele" (leia Romanos 11:36), como devem viver os sacerdotes fieis.

CAPÍTULO 9

Destrave o sobrenatural com atitudes de fé

Sem o exercício real da fé, seremos como todos os demais mortais. A relevância que o Senhor nos propõe passa obrigatoriamente pelo caminho do sobrenatural. A menos que manifestemos em nossas vidas um poder que vá além dos limites humanos, fracassaremos na tarefa de representar Deus na Terra.

Imagine a energia bruta que existe nas águas caudalosas de um grande rio. Ela permanecerá lá, inacessível, até que alguém construa uma represa e uma usina hidrelétrica. Então virão as linhas de transmissão, as subestações, os transformadores e a fiação das nossas casas. Tudo isso, porém, em nada nos beneficiará se não houver alguém que acione o interruptor, plugue uma tomada ou ligue os equipamentos que fazem tanta diferença para nós.

A cruz de Cristo é a grande usina de Deus. Ali, o poder dele, antes inabordável, foi represado e dimensionado para o uso humano. A Palavra, por sua vez, desempenha o papel de trazer o poder de Deus à nossa vida, transformando-o em força disponível. Tudo isso está pronto, consumado! Entretanto, se não ativarmos as chaves da fé, se não tomarmos atitudes na direção desse poder, nada disso fará diferença para nós ou para quem queremos abençoar. Homens relevantes no reino de Deus são necessariamente homens de fé!

OUSE CRER NO MELHOR DE DEUS

De fato, sem fé é impossível agradar a Deus, porquanto é necessário que aquele que se aproxima de Deus creia que ele existe e que se torna galardoador dos que o buscam.
Hebreus 11:6

Deus quer fazer coisas extraordinárias em nossas vidas e por meio de nós! O caráter generoso de Deus está sempre buscando uma ocasião para operar sobrenaturalmente e acrescentar à nossa existência aquilo que naturalmente não podemos conquistar. Os milagres são uma linguagem do amor de Deus.

Ainda assim, precisamos entender a dinâmica dos milagres. Eles sempre acontecem numa parceria entre Deus e o homem, na qual um entra com o poder ilimitado que possui e o outro entra com a fé. Quando essa "química" se estabelece, o impossível deixa de existir.

O primeiro passo que precisamos dar é definir claramente o que queremos conquistar no Senhor. Muitas pessoas ficam travadas pela falta de objetividade, por não serem específicas em sua busca.

Certo dia, Jesus fez uma pergunta aparentemente tola a um cego: "Que queres que eu te faça?". A resposta para nós pode parecer óbvia. O homem respondeu: "Que eu veja". Óbvia ou não, tal resposta foi uma indicação de que a expectativa dele era alta e ousada. Ele poderia, como muitos fazem, simplesmente ter pedido algo que coubesse na lógica humana. Poderia dizer: "Que o Senhor me ajude a viver feliz, mesmo com a cegueira" ou "que o Senhor abençoe minha família, já que não posso trabalhar como qualquer outra pessoa". Seriam boas expectativas, mas naturais. Quando, porém, ele definiu o enxergar como seu objetivo na presença de Jesus, apontou para o sobrenatural, para o campo dos milagres.

Uma vez que tenhamos um propósito sobrenatural definido, é hora de exercitarmos a fé. Isso vai além de ter um desejo no coração. Querer algo e até mesmo expressar isso diante de Deus não significa muita coisa. É preciso usarmos a única chave que nos introduz no mundo dos milagres: a nossa fé. Agora, é muito importante compreendermos que a fé é mais do que guardar um desejo ou uma expectativa no coração. Ela demanda uma atitude. Fé é ação. Tiago ensina que a fé sem obras, sem sinais práticos, é morta, não tem poder algum.

Aquele cego chamado Bartimeu fez loucuras para legitimar a sua convicção interior. Leia o relato de Marcos 10:46-52 e você verá que, antes mesmo de qualquer manifestação de Jesus, esse homem já gritava freneticamente para chamar a atenção dele, e quando foi convidado a aproximar-se, "lançou de si a capa" e foi ter com o Senhor.

Procure entender esse gesto. Bartimeu, segundo a Bíblia, era um mendigo. Ao jogar fora aquela capa, ele estava abrindo mão da indumentária que o identificava como um pedinte. Antes mesmo de receber o milagre, ele já havia tomado atitudes que demonstravam a certeza de que entraria no sobrenatural e nunca mais precisaria pedir esmolas ou vestir-se como um pobre coitado.

A fé se antecipa. Como é a "certeza do que se espera, convicção do que não se pode ver ainda" (leia Hebreus 11:1), ela nos leva a manifestar sinais visíveis de que confiamos plenamente na intervenção de Deus em nosso favor. Isso pode ser chamado de "semente para o milagre". Pense comigo: um lavrador faz uso de todos os recursos que tem e compra sementes. Depois, ele as lança na terra e fica sem nada nas mãos. Por que ele faz isso? Porque tem certeza de que as sementes germinarão e darão o fruto abundante. Embora ele não esteja vendo, a convicção o move. O que aconteceria se ele não se antecipasse e não lançasse as sementes? Absolutamente nada, por mais que ele esperasse uma grande colheita. Sem a semeadura prévia, sua "fé" seria ineficaz.

Deixe-me ilustrar isso com outro exemplo bíblico. Deus mandou Elias ir para Sarepta, pois lá encontraria uma viúva que iria sustentá-lo por um tempo. Ao chegar a seu destino, ele se deparou com uma pobre senhora catando gravetos para fazer o último bolo que suas reservas permitiam, a fim de comê-lo com seu filho, e depois morreriam de fome. Essa era a perspectiva natural. Pela ótica espiritual, o Senhor já via aquela mulher debaixo de tanta prosperidade que poderia perfeitamente sustentar um profeta.

Aí vem o grande desafio: lançar a semente de fé. O profeta desafiou aquela mulher a crer que o pouco de azeite e farinha que lhe restava se multiplicaria abundantemente. No entanto, ela precisaria dar um sinal do quanto cria em seu coração. Mesmo não tendo quase nada, deveria fazer um bolo e entregá-lo como oferta ao homem de Deus. Uma loucura! Tendo tão pouco, como poderia oferecer uma oferta desse tipo? Com a mesma atitude que leva o lavrador a lançar na terra tudo o que tem na expectativa de colher multiplicadamente mais!

Você deve conhecer o desfecho dessa história. A viúva de Sarepta tinha uma fé viva. Ela semeou, contra todos os argumentos racionais, e o resultado foi um milagre de multiplicação extraordinário (leia 1Reis 17:8-16).

Deixe-me compartilhar um testemunho pessoal. Algum tempo atrás, minha família e eu havíamos planejado uma viagem nas férias. Queríamos, pela primeira vez, desfrutar juntos de um passeio no exterior, indo para os Estados Unidos. Passei a poupar para isso, respeitando outras prioridades como nosso sustento, o estudo de nossos filhos e os compromissos que tínhamos com o reino de Deus. Depois de um ano, eu havia guardado a maior parte do valor que precisávamos para aquele sonho. O dinheiro das passagens, em alta temporada, já estava reservado... Foi aí que o Senhor desafiou a nossa fé. Poderíamos continuar naquela perspectiva natural e, se nada saísse dos trilhos, com mais um pouco de paciência e trabalho teríamos juntado os recursos necessários; ou poderíamos escolher um caminho sobrenatural, fazendo uma semeadura ousada de fé.

Foi essa última opção que escolhemos como família. Pegamos tudo o que tínhamos acumulado para a viagem e semeamos como oferta na Casa de Deus. Como um lavrador, ficamos sem nada, esperando nossa semente germinar e frutificar. Sabe o que aconteceu? Pouco tempo depois, fomos passar três semanas maravilhosas na América do Norte! Como? Deus moveu pessoas de lá, que não conheciam a história da nossa semeadura, e elas amorosamente nos presentearam com tudo o que precisávamos: passagens aéreas, hospedagem, aluguel de carro, alimentação e muitas regalias mais. Aleluia! E você pensa que acabou? Um ano depois de termos cumprido sobrenaturalmente nosso sonho, estamos arrumando as malas como família para mais uma bela viagem ao exterior. Uma companhia aérea nos ofereceu gratuitamente duas passagens aéreas para os Estados Unidos. Claro que aceitamos! E, enquanto nos organizávamos para comprar as outras duas passagens, para os nossos filhos, alguém nos disse: "Eu tenho muitos pontos no meu programa de milhagem e não vou usá-los. Vocês não querem comprar as passagens que faltam com esses pontos?" E assim, mais uma vez, e para muito além das nossas expectativas, estávamos vendo a mão de Deus movendo o sobrenatural para viabilizar os nossos sonhos.

O que você quer conquistar e que teria que ser classificado como um grande milagre, pois está além de suas possibilidades naturais? Jesus está lhe perguntando: "Que queres que eu te faça?". Busque uma resposta ousada para essa questão e, se quiser mesmo ver o Senhor fazendo o impossível, prepare uma semente ousada para o milagre. Ou então, acomode-se aplaudindo o que Ele fará na vida dos outros.

O TRUNFO DE QUEM NÃO TEM NADA A PERDER

> *Então, disseram uns para os outros:*
> *Não fazemos bem; este dia é dia de boas-novas,*
> *e nós nos calamos; se esperarmos até à luz da*
> *manhã, seremos tidos por culpados; agora,*
> *pois, vamos e o anunciemos à casa do rei.*
> 2 Reis 7:9

Pessoas relevantes são pessoas de atitude. Há momentos em que a omissão é o pior de todos os pecados. Verdadeiras tragédias podem ser evitadas ou estancadas pela ação de um homem de Deus quando as circunstâncias o exigem.

A história narrada em 2Reis 7 é uma lição sobre isso. A realidade do povo de Samaria não era muito diferente da nossa nação nos dias de hoje. Governantes cheios de arrogância, pecado a céu aberto e um povo sitiado por seus inimigos, "comendo o pão que o Diabo amassou".

Naqueles dias, os absurdos produzidos pela miséria eram tão grandes, que se vendia por muito dinheiro uma cabeça de jumento ou um punhado de esterco de pombas. Ou seja, pagava-se caro por lixo. E o pior não era o valor das coisas, mas o valor atribuído à vida do outro. O caso de uma mulher que negociou o filho para ser cozido e comido revela bem o nível do absurdo.

Chocante, mas nada muito diferente do que ocorre nos muitos rincões deste nosso imenso Brasil. Se não é assim, vejamos...

Nosso povo vive ainda debaixo de governantes sem temor a Deus, cheios de arrogância e esperteza. Homens que só querem uma coisa do povo santo: o voto dele, e nada mais!

A legalidade dada aos demônios pelos pecados da nação tem sido usada. Nossa gente, mergulhada na miséria espiritual, continua pagando muito por porcaria. São pais de família trocando seus casamentos pela aventura do adultério ou pagando mais um trago no boteco com a moeda da dignidade. São jovens negociando a saúde mental, física e social em troca do pó da morte, ou pessoas bem-intencionadas, mas muito religiosas, investindo esperança, dinheiro e muito mais no engano da idolatria, do esoterismo ou da feitiçaria.

Quanto vale a vida humana em nossas cidades? Não mais do que dentro das portas de Samaria. Se lá uma criança valia um jantar, aqui vale um par de tênis, uma bicicleta ou o prazer insano de um pedófilo.

Como mudar tanta desgraça? Será possível? Nos dias da Samaria sitiada, foi! E o que Deus usou? Basicamente, dois elementos: a voz profética de Eliseu e a coragem prática de quatro leprosos para agirem em fé.

Diante de tamanho caos social, o profeta liberou a palavra sobre os céus de Samaria. "Então, disse Eliseu: Ouvi a palavra do Senhor; assim diz o Senhor: Amanhã, a estas horas mais ou menos, dar-se-á um alqueire de flor de farinha por um siclo, e dois de cevada, por um siclo, à porta de Samaria" (2Reis 7:1). Esse é sempre o começo de qualquer mover de transformação. É necessário que gente sintonizada com o céu abra a sua boca e profetize, mesmo que as circunstâncias digam o oposto.

É preciso ter fé para profetizar. Falar o que os fatos já estão falando qualquer um faz, mas falar pela fé, baseando-se na vontade de Deus, é somente para os verdadeiros profetas. Seja em situações limitadas como a libertação de uma família, seja em situações macrocósmicas como a transformação de uma nação, as verdadeiras mudanças acontecerão a partir de uma voz profética corajosa.

Nesse quesito, temos feito como Igreja o nosso papel. Ao longo dos anos, os crentes brasileiros têm orado e profetizado sobre a própria nação o suficiente para causar muito barulho nas regiões celestiais. Não podemos parar, mas o respaldo profético que temos é poderoso. Já passa da hora de agir.

Aqueles quatro leprosos, embora aparentemente desqualificados, viabilizaram a transformação. E qual foi a maior virtude usada para tamanho feito? A coragem!

Sim, eles tiveram coragem para entrar no arraial dos inimigos. Fizeram isso porque chegaram à conclusão de que não tinham nada a perder. Sua matemática era muito simples:

> Se dissermos: entremos na cidade, há fome na cidade, e morreremos lá; se ficarmos sentados aqui, também morreremos. Vamos, pois, agora, e demos conosco no arraial dos siros; se nos deixarem viver, viveremos; se nos matarem, tão-somente morreremos (v. 4).

É gente assim que o Espírito usa para trazer avivamentos, gente desprovida de orgulho, que não considera a própria vida como preciosa, a não ser que cumpra a carreira e o ministério dados pelo Senhor, como diz Paulo em Atos 20:24. Gente que está disposta a invadir, ainda que isso seja arriscado.

Enquanto fazemos as contas do perigo a que nossas ações podem nos expor, a miséria campeia à nossa volta. Então, o melhor que fazemos é sentir o drama de quem vive sitiado e chegar à conclusão de que o que teríamos a perder é infinitamente inferior ao que podemos conquistar.

Não vamos mudar nada se continuarmos dizendo que política é do Diabo, que música barulhenta é do Diabo, que dinheiro é do Diabo, que ciência é do Diabo. Se não invadirmos esses arraiais, se não ousarmos tomar esses territórios e tantos outros mais, continuaremos sofrendo, a despeito das profecias.

Na verdade, somos mais impedidos de entrar nesses domínios do mal por conta de nossos escrúpulos do que pelo temor de desagradar a Deus. Pensamos muito no quanto valemos. É o nosso nome, o nome das nossas instituições, a história que construímos que não queremos colocar em jogo. E enquanto a nossa reputação for mais importante do que a missão que o Senhor nos deu, de dar vazão às profecias e libertar um povo de suas mazelas, seguiremos apenas lamentando o caos que nos cerca e sentindo na própria pele os reflexos dele.

Quando aqueles leprosos invadiram o arraial do inimigo, perceberam que Deus já havia feito a obra e afugentado os que antes eram ameaça. É assim que as coisas funcionam no reino do Espírito. Passos de fé do homem sempre encontrarão passos de poder do Senhor.

Aqueles quatro leprosos tiveram também coragem de compartilhar, de repartir, de proclamar. Achando no arraial dos inimigos o suprimento que podia matar a própria fome, não se contentaram em lambuzar-se com a bênção nas tendas do milagre, mas tiveram a consciência, a sensibilidade e a nobreza de perceber que, além deles, havia um povo em terrível miséria precisando de salvação e ousaram anunciar o caminho que haviam descoberto. As palavras deles deveriam arder como fogo em nossa consciência. Depois de desfrutarem da abundância que o Senhor lhes dera, disseram uns aos outros: "Não fazemos bem; este dia é dia de boas-novas, e nós nos calamos; se esperarmos até à luz da manhã, seremos tidos por culpados; agora, pois, vamos e o anunciemos à casa do rei" (v. 9).

Precisamos acordar! Além de nossas tendas de unção, há um povo sitiado por principados malignos, necessitando de salvação. Chega de absurdos! Chega de ver os nossos iguais pagando caro por cabeças de jumento e esterco de pombas! Chega de presenciar vidas humanas sendo cozidas pela loucura da perdição!

As pessoas que podem mudar a história da nossa nação não podem ficar aquarteladas nos templos, apenas gozando do que a graça de Deus lhes desvelou. Se nós temos o mapa da mina, hoje é dia de boas-novas! Não fazemos bem se nos calarmos.

Eu digo que aqueles quatro leprosos tiveram de ser corajosos para compartilhar e assim tornarem-se os líderes de um grande livramento porque, até então, eram rejeitados e tidos como desqualificados. Viviam à margem da sociedade, tanto que estavam fora dos muros da cidade, pois ali não podiam entrar. E mesmo que tivessem achado o caminho para a abundância, precisaram crer que a mensagem que tinham era mais poderosa do que a sua marginalidade histórica.

Aparentemente, o mundo à nossa volta não está disposto a nos ouvir. Ele nos relegou aos "guetos da religiosidade" por anos e anos a fio. No entanto, Deus nos deu chaves que podem abrir as cadeias do mundo e libertá-lo do cerco em que vive. Se nós cremos nisso, precisamos ter coragem de proclamar.

Quando aquela mensagem ecoou dentro dos portões de Samaria, ainda que deflagrada por leprosos "indignos", ela chegou aos ouvidos do rei. Sim, porque a eficácia de uma palavra não está no canal que a transmite, mas na verdade que ela carrega. E como o que aqueles marginalizados disseram era a única coisa que poderia salvar a cidade, dessa vez eles foram ouvidos.

É tempo de termos coragem! Cruzar os braços e ver o cerco de Satanás destruir o nosso povo não é uma opção que Deus nos dá. Precisamos ousar entrar nos lugares que até agora são dominados pelo inimigo e crer que o respaldo do Senhor nos livrará de sermos tragados por suas armadilhas. E uma vez que percebemos o milagre da fé acontecendo, para não sermos tidos como cúmplices da miséria alheia no momento em que provamos da abundância, nossa única alternativa será atrever-nos a proclamar os segredos que descobrimos em nossa aventura de fé... Dessa vez, o mundo nos ouvirá!

ESCOLHA BEM A FONTE DO SEU PODER

Esta é a palavra do Senhor a Zorobabel: Não por força nem por violência, mas pelo meu Espírito, diz o Senhor dos Exércitos.

Zacarias 4:6

Zorobabel é a figura daqueles que estão construindo ou reconstruindo algo grande em nome de Deus. Seu nome significa "semeado na confusão". Líder dos judeus que retornaram do cativeiro babilônico com o propósito de reedificar Jerusalém e, em particular, seu templo, esse homem estava debaixo da promessa de que a glória da última casa seria maior do que a da primeira. O desafio era enorme, mas ele tinha um coração fiel.

A missão de Zorobabel seria executada sob resistências externas e internas. De fora, vinham as pressões dos inimigos que não queriam ver o fortalecimento do povo de Judá. De dentro, o desânimo daqueles que estavam apegados à estrutura do velho templo de Salomão, saudosistas que se negavam a investir em algo novo.

Muitas vezes nos vemos assim, desafiados a edificar algo para a glória de Deus, mas enfrentando todo tipo de oposição. O chamado cristão consiste em construir ou reconstruir coisas (nossas famílias, nossa saúde interior, nosso ministério, negócios do reino, a identidade de outras pessoas etc.). Logo que colocamos nossas mãos à obra, percebemos que as lutas não serão poucas e fáceis. O que poderá nos sustentar até que tenhamos sucesso? Se tivermos uma palavra de Deus e a guardarmos em nosso coração, ela será a fonte de poder que nos sustenta até o fim. Foi isso que aconteceu com Zorobabel. O Senhor enviou-lhe uma mensagem pelo profeta Zacarias; e ela foi a chave para o seu êxito, sustentando-o em sua missão.

Em que consistia essa palavra? Que conselhos ela trazia? A primeira direção foi: "Espere totalmente na graça de Deus". O texto bíblico diz: "Esta é a palavra do Senhor a Zorobabel: Não por força nem por violência, mas pelo meu Espírito, diz o Senhor dos Exércitos" (Zacarias 4:6).

Precisamos entender a dimensão da fé em que somos chamados a operar. Nossas conquistas sobrenaturais não se darão pela força do nosso braço ou pela violência de nossas ações, mas pela nossa confiança e submissão ao Espírito de Deus. Ele é uma fonte de poder disponível a todos aqueles que têm um chamado. Por isso sua vinda foi anunciada com tanta expectativa por Jesus. Embora os discípulos não compreendessem a "matemática" que Ele propunha, o Senhor sabia da revolução que seria deflagrada quando homens comuns se movessem em seu nome, cheios do Espírito Santo: "Mas eu vos digo a verdade: convém vos que eu vá, porque, se eu não for, o Consolador não virá para vós outros; se, porém, eu for, eu vo-lo enviarei" (João 16:7).

Viver pela fé é escolher confiar na fidelidade de Deus quando a tarefa que temos é superior aos nossos recursos naturais. É nossa responsabilidade decidir se edificaremos com base em nosso poder ou no poder da graça. Muitas vezes nos esgotamos, agindo como se Deus não estivesse presente em nossas vidas. Lutamos com armas carnais e damos muitos golpes no ar. Entretanto, o que precisamos é simplesmente investir em um relacionamento com o Senhor, semear no Espírito e deixar que Ele opere de forma sobrenatural em nosso favor.

O conselho a Zorobabel foi: "Confie que seus inimigos serão abatidos pelo Todo-poderoso". Quando você tem uma aliança com o Senhor e está investindo naquilo que Ele lhe mandou fazer, esteja ciente de que terá o respaldo dele diante das mais fortes oposições. Os grandes obstáculos se tornarão planícies à sua frente! "Quem és tu, ó grande montanha? Diante de Zorobabel serás uma campina" (v. 7), essas foram as palavras que saíram da boca de Deus.

O Senhor se encarrega diretamente das resistências que se levantam diante dos propósitos dele. Nesse trecho, Ele deixa de falar com Zorobabel e volta-se para seus inimigos, desafiando-os, reduzindo-os e respaldando o seu servo. Assim Ele fará contra todas as forças e circunstâncias que resistirem ao que edificamos conforme o chamado dele.

Tenha em mente uma verdade: quando você está do lado de Deus, Deus está do seu lado. A presença das oposições é inevitável em qualquer projeto que valha a pena em nossas vidas. Demônios, circunstâncias e pessoas tentarão dificultar o nosso caminho. Porém, precisamos entender que o respaldo do Senhor é suficiente para fazer-nos avançar. Com Deus, sempre seremos a maioria!

Outra coisa fundamental para o êxito de Zorobabel e de qualquer empreendedor do reino é a construção de um ambiente profético para alimentar a fé. É isso que está implícito nas palavras do versículo 7: "Porque ele colocará a pedra de esquina, em meio a aclamações: Haja graça e graça para ela".

Queiramos ou não, o ambiente em que vivemos e as palavras que ouvimos terão influência sobre nossa fé e, por conseguinte, sobre nosso ânimo e nossas conquistas. Por isso, precisamos buscar viver no meio de gente profética, que abre a boca para nos respaldar.

As palavras são o alicerce das coisas espirituais. Cremos naquilo que ouvimos, falamos daquilo que cremos e colhemos aquilo que falamos. O mundo espiritual funciona pelo poder da palavra. Portanto, é essencial criar ambientes que alimentam a nossa confiança, cercar-nos de pessoas que pavimentam o nosso caminho com uma comunicação profética.

Sempre que estiver num grande desafio espiritual, honre a aposta que Deus fez em você, indo até o fim no que começou. Ele investe o melhor que tem em seu sucesso, empenha a palavra dele e diz que você vai não apenas começar, mas também terminar o que Ele lhe deu para fazer. Essa foi a atitude dele para com Zorobabel. Usando o profeta Zacarias, Deus disse: "As mãos de Zorobabel lançaram os fundamentos desta casa, elas mesmas a acabarão, para que saibais que o Senhor dos Exércitos é quem me enviou a vós outros" (v. 9).

Temos de ser homens de iniciativa e de "acabativa". Deus não tem prazer nos que retrocedem. Lançar mão do arado e olhar para trás é uma atitude que nos coloca na condição de indignos do reino. É melhor nem começar, do que começar e deixar as coisas inacabadas.

A perseverança é um fato-chave na vida daqueles que colherão a abundância dos frutos. Há uma variante que não pode ser excluída na fórmula de muitas das nossas conquistas: o fator tempo. Muitos querem resultados rápidos demais e acabam desistindo. Lembre-se de que você não está construindo uma cabana, mas um grande edifício. Em muitos casos, a perseverança será o maior distintivo da fé.

E finalmente, não tenha vergonha de começar com algo pequeno. O Senhor disse: "Pois quem despreza o dia dos humildes começos, esse alegrar-se-á vendo o prumo na mão de Zorobabel" (v. 10). Ele estava garantindo que o que era ínfimo no início se tornaria uma grande obra acabada sob a liderança de seu servo.

Não se intimide com o pouco que você possa ter hoje. Deus o fará prosperar. Os que zombam verão o resultado da sua fidelidade. É preciso entender que por trás de uma semente há uma floresta. A fé tem um caráter multiplicador. O pouco consagrado nas mãos de Deus se transformará em muito pelo poder dele, se você crer de todo o coração e ousar trabalhar segundo aquilo que crê.

CAPÍTULO 10

No mundo dos homens
reconstruir é preciso

A cruz é o ícone mais forte do cristianismo. Ela é feita da junção de um madeiro na vertical com outro na horizontal. Representa dois milagres que só poderiam ser operados pela graça: nossa reconciliação com Deus e nossa reconciliação uns com os outros.

Não é possível viver o plano divino na solidão. Nosso chamado é para termos intensa comunhão com Ele e, consequentemente, interagirmos em amor com o nosso próximo. Quando Jesus resumiu a vontade de Deus em amá-lo sobre todas as coisas e ao nosso próximo como a nós mesmos (leia Lucas 10:27), encerrou a questão sobre o assunto.

Amar a Deus não é difícil para os que têm a revelação da fé. Ele é fiel, infalível, perfeito. Ainda que alguns de nós, por falta de entendimento espiritual, não entendamos suas ações, quem o conhece sabe que podemos confiar totalmente nele.

Quanto aos homens, a história é outra. Imperfeitos como somos, frágeis e pecadores, vamos ferir e ser feridos muitas vezes. A tentação de isolar-nos, de não crermos, nos assaltará aqui e ali. Tropeços surgirão no nosso caminho. Entretanto, recomeçar, perdoar e reconstruir terá de ser nossa escolha em muitas ocasiões. Afinal, para sermos relevantes no mundo dos homens é preciso interagir com eles sempre.

DEUS NÃO DESISTE DOS DESISTENTES

E ali entrou numa caverna e passou ali a noite; e eis que a palavra do Senhor veio a ele, e lhe disse: Que fazes aqui Elias?
1 Reis 19:9

Elias, o grande profeta, havia desistido. Esse homem, que havia operado tantas coisas em nome do Senhor, estava completamente desviado. Após deixar a comunhão com aqueles que com ele serviam a Deus e mostrar-se indolente diante de visitações divinas, Elias abdicou do ministério e do próprio Senhor e, entrando numa caverna, pediu para si a morte.

A trajetória que homens de Deus têm feito para a desistência ao longo da história traz muitos elementos em comum. Um deles é o contraste entre as grandes conquistas e a descoberta posterior de que a luta continua. Elias havia enfrentado o estresse de uma grande batalha espiritual ao desafiar os profetas de Baal no Monte Carmelo. Imagine a pressão espiritual que aquele episódio representara, tanto antes como durante o embate! Contudo, ao final, tudo parecia ter valido a pena. A nação, até então desviada, reconheceu unânime: "Só o Senhor é Deus!". O objetivo de todo aquele esforço havia sido alcançado. Logo após, antes mesmo que pudesse descansar, Elias recebeu um recado de morte da maldita Jezabel e percebeu que, embora houvesse dado um largo passo, o caminho a trilhar ainda demandaria muito esforço e confronto.

Caindo dos louros da vitória para o campo sanguinolento da guerra, o profeta desanimou. Talvez seu último esforço tenha lhe extraído o vigor por completo e então, não se sentindo mais em condição de avançar, desistiu, entrando numa caverna para morrer.

O mais impressionante é que Deus foi à caverna para resgatar Elias do quadro de desistência. Apesar do desvio e das palavras rebeldes que saíram da boca de Elias, apesar da indolência em reagir na fé e do coração amargurado, apesar do pecado de Elias, Deus foi àquele lugar para tentar fazer aquele homem voltar ao seu caminho.

Essa história tem lições muito preciosas a nos ensinar. Aprendo com ela que não há "super-homens" na fé. Se Elias, o grande profeta que fez descer fogo do céu e que era tido pelos inimigos do altar como "o perturbador de Israel", entrou numa crise tamanha a ponto de desviar-se, isso pode acontecer com qualquer um de nós. Basta não vigiar. E se pode acontecer com tremendos crentes como Elias, quem de nós pode se ensoberbecer e desprezar aqueles que sucumbiram na fé ou que se desviaram do plano de Deus? "Quem és tu, que julgas o servo alheio? Para seu próprio senhor ele está em pé ou cai. Mas estará firme, porque poderoso é Deus para o firmar" (Romanos 14:4).

Aprendo também com esse episódio bíblico que Deus não desiste daqueles que lhe pertencem. O Senhor, do alto do seu trono de suficiência, poderia descartar Elias ou simplesmente deixar que ele colhesse os frutos amargos da sua semeadura. Ainda assim, Ele desceu ao nível da caverna para persuadi-lo a voltar. O Senhor usou cenários ameaçadores para chamar a atenção de Elias (vento, terremoto, fogo), mas foi sua voz mansa e suave que ecoou naquela caverna e convenceu o profeta, dizendo: "vem para fora" (leia 1Reis 19:11-13).

É sempre assim. Deus dá um jeito de nos buscar onde estivermos. Jesus andando no caminho de Emaús ou preparando um peixe na praia para Pedro, essas situações relatadas na Bíblia nos lembram dessa verdade.

Aprendo ainda com Elias na caverna que nenhum motivo ou argumento é plausível para a desistência.

Por que um homem se desvia de Deus? Há muitas respostas. No caso de Elias, aparentemente, vários fatores conspiraram para que ele perdesse a vontade de prosseguir na fé. Cansaço, sentimento de solidão e sobrecarga, atritos com a liderança e frustração eram realidades que afligiam sua alma, mas nenhum desses motivos calou a pergunta perplexa de Deus: "Que fazes aqui, Elias?".

É maravilhoso perceber que Deus não muda a perspectiva pela qual nos vê, ainda que estejamos fora de sua vontade. Ao descer àquela caverna, o Senhor não tratou Elias como um pecador miserável, mas como um profeta. Ele não lhe mostrou o inferno ou um purgatório onde pudesse penitenciar-se, mas apontou-lhe a dignidade do ministério, dizendo: "Vai, volta ao teu caminho" (v. 15). Ao invés de acusá-lo, mostrou-lhe que havia um ministério à sua espera. Sim, "porque os dons e vocação de Deus são irrevogáveis" (Romanos 11:29).

Aprendo ainda com essa história que fatos importantes e maravilhosos ficam bloqueados na vida de um homem de Deus que desiste da fé. Reis precisavam ser levantados e profetas formados, mas tudo estava suspenso enquanto Elias dizia "não". Deus poderia colocar outro no lugar dele, mas não o fez. Aquela era a obra de Elias! Se ele permanecesse na desistência, quanta coisa desenhada no céu seria arquivada (inclusive o arrebatamento dele)?

É por tudo isso que o Senhor insiste conosco. Entretanto, todo o esforço de Deus vai até um limite: o direito que temos de decidir. O nosso livre-arbítrio é um terreno vedado no qual Ele decidiu não pisar. O Senhor foi até a entrada daquela caverna, mas de não poderia tirar o seu profeta de lá à força. Elias teria de tomar sua própria decisão e, aleluia, ele a tomou!

AS PESSOAS VALEM MAIS DO QUE SEUS ERROS

E disseram um ao outro: Porventura, não nos ardia o coração, quando ele, pelo caminho, nos falava, quando nos expunha as Escrituras?
Lucas 24:32

Pessoas relevantes no reino de Deus são pessoas que consideram o valor dos outros, mesmo quando ficam evidentes as suas fraquezas. Com a mesma misericórdia com que Deus nos trata, insistindo em nos levantar quando caímos, precisamos pagar o preço por quem o Senhor põe em nosso caminho.

No exercício do discipulado e da comunhão cristã, é comum termos que investir tempo em recuperar pessoas que estão desanimadas ou tenham desistido da fé. Não raramente encontramos pessoas com discursos e sentimentos estranhos ao chamado, assumindo comportamentos que as tornam irreconhecíveis diante daquilo que um dia foram na caminhada cristã ao nosso lado.

Mais desafiadora ainda é a tarefa da restauração, quando o motivo da desistência está relacionado com nossas atitudes, devido a uma incapacidade do discípulo em compreender ou assimilar certa situação.

O encontro proposital de Jesus com os dois discípulos desistentes que voltavam a Emaús, narrado em Lucas 24:13-36, pode nos ajudar a compreender essas crises e agir de maneira adequada a fim de que a restauração se processe e o problema seja vencido.

Quando lemos o relato bíblico, claramente percebemos a alma daqueles dois homens. Eles estavam decepcionados e entristecidos porque não haviam entendido o episódio da cruz. O que seu líder Jesus havia feito não cabia em sua capacidade de compreensão, e o resultado agora era revolta, frustração e desistência. Aquele que fora até então seu modelo convertera-se dentro deles em sua grande decepção, não porque fizera alguma coisa que merecesse essa reação, mas simplesmente porque eles não tinham discernimento e maturidade para aceitar as escolhas de Jesus.

A primeira coisa que Jesus fez para trazer de volta o coração precioso, mas adoecido, daqueles homens, foi acercar-se, buscá-los no estado e na condição em que se encontravam, descer à realidade deles. A Bíblia diz que "o próprio Jesus aproximou-se e ia com eles" (v. 15). Muitos líderes perdem discípulos preciosos por não terem a disposição de fazer esse trajeto. Ao saberem da desistência de alguém, logo se posicionam como juízes e esperam uma reação espontânea de arrependimento. De longe, resolvem esperar (uma espera que muitas vezes não terá fim).

Ao aproximar-se de seus discípulos, antes de falar, Jesus fez questão de ouvi-los. Mais do que isso, o Senhor instigou-os à exposição, a revelar seus sentimentos, mostrar seus corações (v. 17-26). É assim que se chega a um diagnóstico adequado e que se sabe o que convém dizer.

A maioria de nós tem uma dificuldade enorme de ouvir, ainda mais quando o discurso que está do outro lado da linha é contrário ao que cremos. No entanto, essa é uma virtude que todo líder precisa desenvolver. É no exercício dela que conquistamos (ou reconquistamos) a confiança, revelamos o valor das pessoas e discernimos onde está o problema e qual é o remédio adequado para tratá-lo.

Depois de ouvi-los, Jesus pôs-se a falar e então estabeleceu claramente um contraponto diante de tudo o que entulhava as fontes do coração daqueles homens. Embora fosse bastante firme em sua exortação, não dando margem para que os desistentes pensassem ter angariado mais um parceiro para sua revolta interior, o Senhor não se perdeu em argumentos humanos, não deixou que o conflito descambasse para o lado pessoal, mas passou a ministrá-los baseado pura e exclusivamente em verdades bíblicas (leia v. 27). Porém, perceba que Ele o fez de forma apaixonada e espiritual, não legalista, ao ponto de, depois, os dois discípulos reconhecerem que lhes "ardia o coração" enquanto Jesus "expunha as Escrituras" (leia v. 32).

É bastante interessante o fato de que o Mestre, após ter falado tudo que eles precisavam ouvir, "fez menção de passar adiante" (leia v. 28). Isso revela a postura de um líder espiritual. Ele exorta, fala a verdade em amor, mas não coage, não usa de ameaças, apenas espera que a Palavra de Deus suscite uma reação no coração desistente. No caso específico dos discípulos de Emaús, deu certo, tanto que, ao sentirem que perderiam aquela doce companhia, pediram que o Senhor entrasse em sua casa e permanecesse com eles (leia v. 29).

Naquele momento, revelou-se uma reação positiva no coração daqueles que estavam se perdendo. Ao manifestarem o desejo de receber mais, eles deram espaço para a restauração, e então Jesus os reconquistou plenamente com um gesto simples, mas profundo: a comunhão. Ao partir o pão com eles à mesa, o Mestre deixou claro que estava ali por um relacionamento baseado não em circunstâncias, mas em aliança, e revelou a disposição de recebê-los de volta, amando-os, sem retaliações ou revanchismos.

Missão cumprida! Aqueles que haviam desistido estavam restaurados e agora podiam fazer coro novamente com os que permaneceram na fé. Tudo porque alguém deu mais valor a eles do que a seus erros.

RECONSTRUINDO PONTES QUEBRADAS

Esaú correu-lhe ao encontro e o abraçou; arrojou-
se-lhe ao pescoço e o beijou; e choraram.
GÊNESIS 33:4

Ao longo da vida, às vezes deixamos para trás pontes quebradas que nos impedirão de viver o melhor de Deus. É triste perceber que muitos cristãos deixaram na sua história alianças e relacionamentos destruídos, alguns deles vitais para o cumprimento pleno do projeto de Deus em sua vida. São casamentos desfeitos pela infidelidade, são pais que feriram a alma de seus filhos com brutalidade, seja da violência ou da indiferença; são filhos que num momento de loucura ou imaturidade cuspiram no prato em que haviam comido e, rebelando-se, deixaram atrás de si pais desonrados; são ovelhas que se esqueceram da aliança e se desgarraram pelas veredas tortuosas da independência, abandonando a segurança do aprisco e do pastoreio que Deus lhes tinha provido... Enfim, não é preciso andar muito para encontrar alguém que, num momento de crise, rompeu um relacionamento abençoado pelo Senhor.

Jacó trilhou esse caminho. Ainda jovem, dominado por um caráter egocêntrico e desprezando princípios divinos, ele manipulou sua mãe, enganou seu pai e traiu seu irmão Esaú, roubando-lhe o que era dele. O resultado de suas desastrosas escolhas foi um ódio mortal por parte de Esaú que desembocou na cisão da família, com Jacó fugindo para a longínqua Padã-Arã, onde tinha parentes de segundo grau.

Foram vinte anos de separação! Naquela terra distante, Jacó casou-se, teve filhos e de certa forma prosperou, adquirindo riquezas. Sua vida, porém, permanecia mutilada, muito aquém daquilo que o Senhor havia projetado para ele. Aquela aliança desfeita precisava ser reconsiderada, aquela ponte quebrada teria de ser reconstruída.

Não seria simples. Voltar atrás quase sempre implica muitos desafios. Para Jacó, significava não só a quebra do próprio orgulho, mas a exposição de sua vida e de sua nova família aos riscos da rejeição e até mesmo da morte, tal era o ódio que suas velhas decisões provavelmente haviam deixado no coração de seu irmão. Aquela viagem de volta a Canaã foi extremamente difícil diante das perspectivas sombrias que com certeza povoaram a mente de Jacó. No entanto, ele a fez até o fim. O desfecho, com Esaú perdoando-o e recebendo-o com choro e abraços, não era provável. Aliás, a coisa terminou assim porque houve um verdadeiro milagre de Deus. Sem uma intervenção sobrenatural, algumas pontes nunca seriam levantadas novamente.

O milagre, entretanto, é quase sempre a resposta de Deus a atitudes do homem. Jacó nos ensina a refazer alianças, mesmo aquelas que parecem esmiuçadas e impossíveis de se restaurar.

Em primeiro lugar, diante de uma palavra de Deus, esse homem decidiu fazer a coisa certa. Depois de vinte anos de fuga, o Senhor lhe falou ao coração para voltar (leia Gênesis 31:13). Jacó poderia ter feito "ouvidos de mercador". Considerando a condição razoável de vida que havia conquistado e os riscos que correria se tentasse um reencontro, ele poderia decidir não obedecer e seguir apartado desse relacionamento. No entanto, não foi isso que ele fez. Contra todos os temores, ele resolveu voltar e não fez disso apenas uma tentativa, mas uma decisão. Ele poderia ter mandado alguém para sondar o terreno, poderia ter ido só, para não arriscar a pele de suas mulheres e filhos, mas preferiu juntar tudo o que tinha conquistado e investir na aventura da reconciliação.

Há muitos milagres esperando uma decisão. Há casamentos que só serão restaurados se alguém tiver coragem de enfrentar o passado. Há corações de filhos que só serão sarados quando pais decidirem "descer do pedestal" e assumir seus próprios erros. O mesmo vale para líderes e pastores que afugentaram discípulos preciosos. Há também ovelhas que ficarão vagando de um lado para o outro até que se quebrantem o suficiente e voltem para o lugar de onde nunca deveriam ter saído... Assim como no caso de Lázaro, morto por quatro dias, há amizades, relacionamentos e alianças que nunca ressuscitarão, a não ser que alguém decida remover a pedra e encarar a situação, ainda que já esteja "cheirando mal".

É claro que a decisão de voltar e buscar uma reconciliação sempre exigirá daquele que errou um espírito quebrantado e uma postura de humilhação. Muitos querem recuperar seus postos e relacionamentos sem mudar de atitude, na tentativa ilusória de zerar o passado sem enfrentá-lo. Isso não funciona! Jacó entendeu isso e voltou curvando-se. Ele enviou mensageiros a Esaú chamando-o de "meu senhor" e assumindo a condição de "seu servo" (leia Gênesis 32:3-12). Bem diferente do homem presunçoso e usurpador que um dia havia deixado aquela terra... A mudança de Jacó tornou-se ainda mais visível quando ele finalmente avistou Esaú. Diz a Bíblia que "ele mesmo, adiantando-se, prostrou-se à terra sete vezes, até aproximar-se de seu irmão" (Gênesis 33:3). Quem quer reconstruir pontes, precisa aprender a curvar-se.

Há ainda algo fundamental para quem se aventura a levantar de novo a ponte de um relacionamento quebrado: o desejo de restituir. Muitas vezes, apenas pedir perdão não é suficiente. É preciso devolver, ainda que em parte, aquilo que foi usurpado, tentar reparar o estrago causado. É por isso que Jacó, aquele que um dia só pensou em tirar proveito, espoliar, voltou e se fez preceder de muitos presentes (leia Gênesis 32:13-21). E para quem pensa tratar-se apenas de esperteza, com o fim de aplacar a ira de Esaú, surpreenda-se com a insistência, mesmo depois de ter conquistado o perdão, para que seu irmão aceitasse suas dádivas (leia Gênesis 33:8-11). Sim, porque aquele gesto não representava apenas um pedido de clemência, mas um desejo de abençoar, de devolver, de reparar os danos do passado.

No mundo dos homens, erros acontecem. Às vezes, eles estarão em nós e, às vezes, nos outros, mas nunca nos serão favoráveis. Por isso, superá-los é premissa para todo aquele que quer deixar uma marca de Deus na história.

Não sei se quando você olha para trás enxerga pontes caídas. Se isso acontece e você tem consciência de que um dia elas foram levantadas por Deus, vale a pena voltar e tentar reconstruí-las.

CAPÍTULO 11

Se quiser viver em paz
aprenda a superar

As perdas e decepções certamente farão parte da trajetória de todo conquistador. Isso é inevitável. Não é possível passar pela vida sem enfrentar frustrações. Então, o êxito de um homem de Deus passa necessariamente por superar reveses.

É preciso aprender a perder para tornar-se um vencedor. Tudo dependerá da nossa capacidade de mudar o foco. A perspectiva pela qual olhamos as pessoas e circunstâncias, inclusive a nós mesmos, determinará nossa capacidade de manter-nos animados, apesar dos pesares.

Jesus disse que se os nossos olhos forem bons, todo o nosso corpo terá luz. Se, porém, forem maus, terminaremos dominados pela escuridão (leia Mateus 6:22-23). Nossa clareza para avançar depende da predisposição que tivermos para encontrar o bem, mesmo nas circunstâncias más.

Obviamente, algumas decepções são maiores do que nossa capacidade natural de superação. Por isso mesmo, o único caminho viável para que as atravessemos é a graça de Deus. Quando, pela fé, ousamos fazer do presente ou do futuro um argumento mais forte que o do passado, avançamos e fazemos com que a vida siga em frente, apesar dos percalços.

SEM BOA VONTADE, VOCÊ TERMINARÁ SÓ

*Glória a Deus nas alturas e paz na terra
aos homens de boa vontade.*
Lucas 2:14

Pouca gente dá atenção ao segredo contido nesta declaração angelical: "Paz na terra aos homens de boa vontade". Tenho visto muitas relações estragadas, casamentos desfeitos, ovelhas errantes, ministérios travados, tudo em decorrência da má vontade que se estabeleceu no coração de alguém.

A boa e a má vontade são predisposições da alma, uma tendência de interagirmos com determinadas pessoas de maneira positiva ou negativa. Tem a ver com a maneira como enxergamos e ela nem sempre está pautada na realidade.

Quando se tem má vontade, as virtudes do outro são desprezadas e os supostos defeitos ou limites, ressaltados. Alguns chamam isso de antipatia, ou seja, o sentimento que mantém o coração fechado para certas pessoas ou grupos.

A má vontade é uma obra da carne e, como toda obra da carne, é insuflada pelo inferno. E de onde ela vem?

Muitas vezes, essa negativa de aceitação em relação ao outro é gratuita, sem nenhum fato que a explique, uma verdadeira semente maligna que prospera mais em solos de corações orgulhosos. Veja o exemplo bíblico da relação entre Saul e Davi. Não houve uma única situação em que Davi tenha falhado para com Saul, rei de Israel. Ao contrário, aquele jovem belemita lhe era fiel e serviçal, amado por todos e visto por Deus como o homem segundo o seu coração. Entretanto, Saul o odiou e o perseguiu mortalmente.

Ao avaliar essa história, só entendo que a antipatia de Saul para com Davi era fruto da soberba e da insegurança do seu coração.

Ele, assim como o assassino de Abel, Caim, e como tanta gente à nossa volta, não conseguia lidar com o sucesso do outro. Sentia-se diminuído quando o outro prosperava e assim tratava-o como inimigo. Quem sabe tudo tenha começado no dia em que Davi matou o gigante Golias, risco que correu em fidelidade a Saul. Ao voltarem os dois para Jerusalém, o rei e o servo, as mulheres vieram ao seu encontro com uma música que feriu o coração do orgulhoso governante: "Saul matou os seus milhares, mas Davi os seus dez milhares" (leia 1Samuel 18:7). Pronto. Aquilo foi suficiente para transformar o jovem belemita em *persona non grata*. Pura vaidade de Saul, que a partir daí abriu portas para demônios em sua alma e começou a perder o trono.

Dei um exemplo de má vontade gratuita, mas nem sempre é assim. Em muitos casos, há fatos que explicam a antipatia que alguém sente pelo outro, o que não torna essa atitude espiritual ou justificável.

Veja o caso de Absalão também em relação a Davi, seu pai, num outro momento de sua vida. Esse jovem levantou uma grande rebelião em Jerusalém para derrubar seu pai do trono de Israel e acabou perdendo a vida de maneira trágica, punido pelo juízo de Deus.

Por que Davi, que era homem aprovado pelo Senhor, tornou-se tão rejeitado no coração de seu filho, a ponto deste tratá-lo como seu pior inimigo? Tudo começou com uma falha de Davi, que se omitiu num grave problema doméstico, quando Tamar, irmã de Absalão, foi violentada por seu meio-irmão Amnom. Tudo isso está registrado nos capítulos 13 e 14 de 2Samuel. Naquela ocasião, e em outras que se sucederam, Davi tomou a decisão errada. Mesmo assim, Deus não deixou de vê-lo como um homem admirável. Homens falham, o Senhor sabe disso. Acontece que Absalão não estava disposto a superar essa verdade. Antes, mergulhou na má vontade e, a partir daquele episódio, não conseguia ver nada de bom em seu pai.

Quantas pessoas estão hoje adoecidas por causa desse veneno infernal?! A incapacidade delas de superar as falhas dos outros as colocou na condição de juízes de seus irmãos e, em seus corações, a sentença de rejeição já foi dada. Agora, veja que incoerência: pessoas amadas por Deus e, muitas vezes aprovadas por Ele, são rejeitadas por nós, pecadores! Quantas vezes falhamos com o Senhor? Em quantas ocasiões o decepcionamos? Ele teria motivos para fechar o coração a nosso respeito? Certamente sim. E por que não o fez? Porque Ele é longânimo! Diz a Bíblia a seu respeito: "Faze bem a Sião, segundo a tua boa vontade; edifica os muros de Jerusalém" (Salmos 51:18). Essas são palavras de um pecador arrependido, o próprio Davi, que havia provado o poder da boa vontade de Deus em perdoá-lo e abençoá-lo.

Saímos do espaço bendito da graça quando deixamos que o argumento da amargura fale mais alto no nosso coração do que o sangue da cruz. A má vontade que mantemos diante daqueles que Deus colocou em nossa rota é uma afronta à sua longanimidade para conosco. Como podemos fechar o coração para alguém, se o Deus Santo mantém o seu coração aberto para nós, apesar de nós?!

SUPERAR NA GRAÇA OU ACABAR NA DESGRAÇA

Ao entrar a arca do Senhor na Cidade de Davi, Mical, filha de Saul, estava olhando pela janela e, vendo ao rei Davi, que ia saltando e dançando diante do Senhor, o desprezou no seu coração.

2 SAMUEL 6:16

Você já deve ter ouvido falar de gente que está "na rua da amargura". No episódio que escolhi usar para a nossa próxima reflexão, a amargura não estava na rua, mas na janela distante de um palácio. Na rua havia festa, adoração, culto, avivamento, restauração. O rei Davi saltava com todas as suas forças diante da arca da aliança que, depois de muitos anos, estava sendo trazida de volta para Jerusalém. Todo o povo vivia o êxtase desse momento tão especial. Contudo, fria como uma pedra de mármore, Mical, esposa do rei, acompanhava tudo com um coração crítico e fechado, na distância de uma janela palaciana, a "janela da amargura".

Mical um dia casou-se com Davi cheia de sonhos e paixão. Estava disposta a enfrentar o mundo para ficar com o homem de sua vida. Entretanto, as coisas não aconteceram como ela havia desenhado em suas expectativas. Davi, perseguido de morte pelo sogro Saul, teve de fugir sozinho por um longo tempo e a moça apaixonada passou a dormir com a solidão. O abandono foi tão explícito e duradouro que Saul, seu pai, considerou-a solteira novamente e entregou-a como esposa a outro homem, chamado Paltiel.

Não deve ter sido fácil para Mical aceitar tal situação e entregar-se a alguém que não conquistara o seu coração. Ao menos o tempo mostrou que esse novo marido realmente a amava e, bem ou mal, ela conseguiu reorganizar o "quebra-cabeça" de sua vida.

Quando o cenário parecia consolidado, houve uma surpresa. Com a morte de Saul, Davi assumiu o trono e voltou para Jerusalém. Talvez querendo pagar uma antiga dívida ou, quem sabe, tomado pelo amor à mulher que, por força das circunstâncias, deixara para trás, o novo rei usou da sua autoridade e mandou que alguns brutamontes a tirassem de Paltiel e a trouxessem para ser novamente sua esposa. A cena foi dramática. O pobre homem foi por muitos quilômetros chorando após ela e só desistiu de ir até o fim daquele caminho pelas ameaças que lhe foram feitas (leia 2Samuel 3:13-16).

Alguém poderia ver tudo isso como a restituição de um sonho antigo, um reatar digno dos melhores romances de Hollywood.

Talvez a própria Mical se sentisse dessa maneira. Entretanto, ao chegar ao palácio, ela percebeu que as coisas não eram como deveriam ser e que o coração de Davi tinha de ser partilhado. Em sua longa fuga, sabe-se lá o motivo, Davi tomara duas outras mulheres para si: Ainoã e Abigail.

Talvez essa história nos ajude a entender por que Mical estava na janela da amargura e não nas ruas do avivamento. Tendo sofrido tanto, tendo provado o gosto ruim do abandono, tendo sido desconsiderada em suas vontades, tendo que engolir a sensação de traição, seu coração tornou-se amargo e agressivo. Mas a pergunta é: aquela seria a sua única alternativa de vida? Não haveria para ela a hipótese de vencer os argumentos da história, enterrar o passado e desfrutar do que Deus estava fazendo naqueles dias?

Muitas pessoas vivem dominadas pelos rancores da alma, amarguradas pelo que lhes sucedeu. Elas têm todos os motivos do mundo para dar espaço ao ressentimento e assumir suas condições de vítimas injustiçadas. Os fatos em suas biografias são inquestionáveis. De qualquer maneira, viver sofrendo pelo que um dia ocorreu não é a única alternativa, nem a melhor. A Palavra de Deus nos exorta: "Tende cuidado de que ninguém se prive da graça de Deus, e de que nenhuma raiz de amargura, brotando, vos perturbe, e por ela muitos se contaminem" (Hebreus 12:15).

A amargura é uma raiz que brota e cresce no coração humano semeada pelas brechas de uma ferida. Em certo momento, ela ganha o poder de nos perturbar e contaminar nossos relacionamentos, fazendo com que tudo seja mergulhado no seu fel. Sua tirania é implacável, a não ser que recorramos à graça de Deus.

A verdade é que, diante daquilo que as pessoas e a vida nos impõem, temos não só a possibilidade, mas a responsabilidade de tomar uma decisão: vamos privar-nos da graça e entregar-nos à amargura ou vamos considerar o amor de Deus, o argumento da Cruz e o poder regenerador do Espírito Santo para superar o passado e nos abrir para desfrutar, livres, do presente e do futuro que o Senhor preparou para nós?

Não é uma questão de sentimento, mas de decisão. Se não compreendermos o grande amor do Pai, se não mergulharmos nas águas do Espírito, se não despertarmos para o fato de que a maior injustiça não é o que nos fizeram passar, mas a condenação de amargar o resto dos dias pelo que já não existe mais, porque passou, ficaremos aprisionados na janela da amargura, enquanto nas ruas do avivamento há um lugar para nós.

Só isso já seria argumento suficiente para Mical deixar aquela janela distante, envolver-se com o novo que o Senhor estava fazendo e voltar a viver. Há mais: as pessoas mudam! Muitos daqueles que nos feriram não são mais os mesmos. Aprenderam, amadureceram, arrependeram-se, reconstruíram-se em Deus e foram aceitos por Ele.

O Davi que dançava nas ruas era um homem restaurado. Como, porém, o coração de Mical congelou sua imagem como um "sem-vergonha" imperdoável, não era possível que ela desfrutasse do privilégio de viver com "o homem segundo o coração de Deus"... E ali, na janela da amargura, por privar-se da graça, ela morreu estéril e infeliz.

SABER PERDER É UM SEGREDO DOS VENCEDORES

Disseram a Joabe: Eis que o rei anda
chorando e lastima-se por Absalão.
2Samuel 19:1

Às vezes, apostamos todas as nossas fichas em algo que não termina como planejamos. Absalão era o filho de Davi que tinha "cara de príncipe". Certamente seu pai havia feito planos e investimentos em sua vida, mas tudo deu errado. Absalão teve de ser colocado na lista das decepções, na conta das perdas. Rebelado, levantou uma insurreição nacional contra seu pai e acabou morto tragicamente num campo de batalha.

Davi entrou em profunda depressão. Enquanto o povo que lhe era fiel reconquistava o trono do qual ele havia sido tirado, o rei entregava-se à lamentação, não só pela perda, mas pelo fim desonroso que levou seu filho.

Satanás quer, de qualquer jeito, prender-nos às decepções e desviar nossa trajetória de conquista, acorrentando-nos ao lugar sombrio da frustração. Muitas pessoas têm perdido o "bonde" de Deus por estarem velando aquilo ou aqueles que, de alguma maneira, morreram. Em contraste com esses episódios sofridos, o Senhor tem preparado tanta coisa à nossa frente, que não podemos permitir que alguma perda nos detenha. Há um grande risco quando temos o olhar paralisado num ponto negro da nossa história. Ao perpetuarmos o passado, podemos ser privados de um futuro glorioso.

A Bíblia está cheia de homens que tiveram que desprender-se dos seus "mortos" para entrarem no melhor de Deus. Josué teve de superar a morte de seu mentor Moisés, Isaías precisou olhar para o Senhor e esquecer "o ano em que morreu o Rei Uzias", Abraão teve de apartar-se do sobrinho Ló para prosperar no chamado. Esses são apenas alguns exemplos de pessoas que tiveram de deixar perdas doloridas para trás a fim de avançarem na fé.

O que acontece quando nos entregamos à lamentação? Em primeiro lugar, perdemos a visão e a alegria das vitórias que Deus pode nos dar. Por conta do desânimo de Davi, a Bíblia diz que "então, a vitória se tornou, naquele mesmo dia, em luto para todo o povo; porque, naquele dia, o povo ouvira dizer: O rei está de luto por causa de seu filho" (2Samuel 19:2). Deus estava restituindo o trono ao seu ungido, seus seguidores voltavam vitoriosos da batalha, mas ele estava mergulhado demais na perda para perceber tudo aquilo.

O Senhor está sempre fazendo coisas tremendas à nossa volta. Para cada crente que abandona o caminho, há dezenas que se convertem. Para cada perda, há muitos sinais da bondade de Deus. Portanto, a lamentação turva os nossos olhos e tira-nos o brilho da vida. Os discípulos de Emaús são um exemplo de como a decepção pode nos cegar. Estavam tão entregues às más notícias que não conseguiam reconhecer Jesus, que andava lado a lado com eles.

Ao nos entregamos à decepção, também envergonhamos e desonramos aqueles que permanecem fiéis ao nosso lado. Ao pararmos para "curtir" nossas dores e perdas além do aceitável, desvalorizamos pessoas que têm aliança conosco e que continuam acreditando. Veja o que diz o relato bíblico:

> Então, Joabe entrou na casa do rei e lhe disse: Hoje, envergonhaste a face de todos os teus servos, que livraram, hoje, a tua vida, e a vida de teus filhos, e de tuas filhas, e a vida de tuas mulheres, e de tuas concubinas, amando tu os que te aborrecem e aborrecendo aos que te amam; porque, hoje, dás a entender que nada valem para contigo príncipes e servos; porque entendo, agora, que, se Absalão vivesse e todos nós, hoje, fôssemos mortos, então, estarias contente (2Samuel 19:5-6).

Diante de tanta gente fiel que Deus levantou ao nosso lado, não t direito de ficar chorando pelos infiéis. Trata-se de uma escolha. Daremos nosso coração à decepção ou à inspiração? "Chorar o leite derramado" não gera provisão. Quando percebemos que uma aposta nossa não vingou, a única opção é fazer outra. Há gente esperando a nossa atitude!

Não estou defendendo que devemos ser frios ou insensíveis. Pelos feridos no campo de batalha, diminuímos nossa marcha, mas pelos mortos não, a fim de não comprometer os vivos. Os fracos carregamos nos ombros, mas os que se foram definitivamente precisamos enterrá-los e deixá-los para trás.

Sempre se levantará um fiel para substituir o infiel. Davi perdeu Absalão, mas ganhou trinta valentes como Joabe. Haverá sempre um Matias para o lugar de Judas, o traidor.

Outra consequência de não superarmos as perdas é que ministramos um espírito de desânimo sobre aqueles que estão conosco. Diz a Bíblia que "naquele mesmo dia, entrou o povo às furtadelas na cidade, como o faz quando foge envergonhado da batalha"(2Samuel 19:3). A lamentação tem o poder de derreter o coração de uma família, de uma equipe, de um povo. Não podemos permitir que uma voz de luto se sobreponha à Palavra de Deus. Quanto mais falamos das perdas, mais enfraquecemos a fé dos que andam conosco. A lamentação pode transformar, em pouco tempo, uma equipe conquistadora em um grupo acovardado. Especialmente se você for um líder, escolha bem o que você vai falar à sua gente. Por causa da lamúria de Davi, o mesmo povo que havia saído em guerra para devolver-lhe o trono entrava na cidade às furtadelas, como se tivesse sido derrotado.

As palavras de Joabe foram um choque necessário para que Davi tomasse uma atitude:

> Levanta-te, agora, sai e fala segundo o coração de teus servos. Juro pelo Senhor que, se não saíres, nem um só homem ficará contigo esta noite; e maior mal te será isto do que todo o mal que tem vindo sobre ti desde a tua mocidade até agora (2Reis 19:7).

Temos de nos esforçar para nos levantarmos rapidamente contra todo sentimento de frustração. Era isso que significavam as palavras "levanta-te, agora" de Joabe. O desânimo e a tristeza são sentimentos contagiosos e progressivos. Precisamos nos rebelar contra eles, antes que eles nos destruam. Se não há mais como viabilizar um velho e belo sonho, comece logo a investir em outro. Não dê tempo para a lamentação fortalecer-se em seu coração.

É preciso também tomarmos a atitude de nos afastar do ambiente que nos prende à morte. Joabe exortou Davi, dizendo: "Levante, agora, e sai". Isso implica rejeitar todo lugar e toda pessoa que queira nos manter ligados à perda.

Se você quer experimentar milagres, saia do meio das "carpideiras". As "carpideiras" e os "tocadores de flauta" são os que fazem da lamentação o seu meio de vida. Eles sempre resistem ao mover do Senhor. É preciso silenciá-los para vermos o novo acontecer. Leia Mateus 9:23-25, quando Jesus ressuscitou uma menina, e você entenderá o que estou falando.

Para quebrarmos os grilhões da frustração, temos de escolher a linguagem dos fiéis. "Fala ao coração de teus servos", esse foi o conselho de Joabe a Davi. Os que têm um espírito excelente esperam ouvir palavras de vida, e não lamúria. É ao coração desses que devemos falar.

Na casa de Deus há sempre gente pronta para lutar com aqueles que têm uma palavra de vitória. Com a sua linguagem, você pode suscitar os valentes ou ajuntar os covardes. Escolha falar a língua dos valentes! Os semelhantes se atraem e se identificam pela comunicação. Se quiser cercar-se de pessoas que desistem, fale como um desistente. Se quiser cercar-se de gente decidida, fale como um decidido.

CAPÍTULO 12

Sua missão é influenciar
pessoas e fazer discípulos

Uma grande visão não cabe na vida de um só homem. Quanto maior for a dimensão do chamado, maior será a necessidade de compartilhá-lo com outras pessoas. Sem o exercício da influência, qualquer conquista será tão pequena quão pequeno é cada um de nós.

Todo cristão é comissionado à liderança. Isso pode parecer um conceito radical para alguns, mas se a tarefa de fazer discípulos é universal, se a grande comissão é para todo crente, então todo crente precisa liderar, pois o discipulado nada mais é do que o processo pelo qual alguém conduz outra pessoa pelo caminho da fé até atingir a maturidade frutífera.

Verdadeiros milagres acontecem quando alguém cheio de Deus se dispõe a mentorear pessoas. Independentemente do ponto de partida em que essas pessoas estão, estando elas até mesmo em completa degradação espiritual, se houver autoridade profética e amor, a transformação pode ser gigantesca.

Um homem que lidera a si mesmo e que se submete à vontade de Deus está apto e obrigado a derramar sua experiência sobre a vida de outras pessoas. Esse é o único plano que Deus tem para encher a Terra com gente que represente o seu reino.

ENVOLVA PESSOAS NA SUA VISÃO

*E lhes declarei como a boa mão do meu Deus estivera
comigo e também as palavras que o rei me falara.
Então, disseram: Disponhamo-nos e edifiquemos.
E fortaleceram as mãos para a boa obra.*

NEEMIAS 2:18

A influência é a missão e a ferramenta do líder. Em qualquer área de nossas vidas, não conseguiremos êxito relevante a não ser que envolvamos outras pessoas na mesma visão, ao ponto do comprometimento. Em outras palavras, nossas melhores realizações não serão alcançadas até que convençamos outros a lutarem ao nosso lado pelas mesmas causas.

Neemias emergiu da história bíblica como um dos melhores modelos de líder e influenciador. Embora ele devesse ter certa dose de carisma pessoal, seu sucesso não se baseou nisso, mas numa série de posturas que redundaram em confiança e motivação na alma do povo com o qual ele contava para a grande obra da reconstrução dos muros de Jerusalém. Dos personagens bíblicos, ele é um dos que mais têm a nos ensinar a esse respeito.

Esse homem concebeu em seu coração uma grande visão. Estando numa zona de conforto, como homem de confiança do rei persa Artaxerxes, deixou tudo para trás e partiu para Jerusalém a fim de realizar uma grande obra. Entretanto, sua missão não cabia no âmbito pessoal. Era preciso levantar um povo que cresse na mesma coisa e se comprometesse com a tarefa que envolvia muito trabalho e inúmeros riscos, pois a cidade estava destruída e os inimigos não queriam ela fosse restaurada.

O sucesso de Neemias se deu não porque ele era um super-homem, mas porque ele foi capaz de converter um povo à sua visão, fazer de uma gente acomodada e desistente, um exército de reconstrutores altamente comprometidos com a causa.

Ao refletir sobre a postura e as atitudes que conduziram Neemias a tão grande sucesso, algumas coisas chamam a atenção. A primeira delas é que homens de influência são movidos por uma paixão, e não simplesmente por um encargo ou uma estratégia. Antes de partir em missão, antes mesmo de planejar qualquer ação, Neemias se derramou em lágrimas diante do Senhor ao saber do estado deplorável em que viviam seus irmãos na Terra Santa (leia Neemias 1:3). O que quero dizer é que a visão nasceu no coração desse homem e não em sua mente, primeiro ela conquistou os sentimentos dele para depois conquistar a razão.

Quando observo as diferenças entre os líderes influenciadores e os que vivem remando contra a maré, percebo um ponto importante: aqueles que são movidos apenas por responsabilidade ou constrangimento têm fôlego curto, enquanto os apaixonados, não apenas tendem a ser *determinados,* como também se revelam muito mais convincentes diante de quem precisam despertar e envolver.

Aqui cabe uma pergunta: no âmbito da liderança que você exerce hoje, o que o move é o coração ou a responsabilidade? Você ama seu ministério ou simplesmente o aceita? A visão é para você um combustível ou uma carga? Se sua resposta é a segunda opção, é melhor buscar uma experiência com Deus a esse respeito, pois assim, sem paixão, dificilmente você será um líder de influência e, consequentemente, não terá sucesso.

Outro aspecto que me impressiona na vida de Neemias é sua capacidade de planejar. Mesmo que a necessidade de agir urgisse em seu coração a ponto de desfigurar o semblante dele (leia Neemias 2:2), ele não se precipitou em momento algum, não colocou o carro à frente dos bois. Entre o dia em que seu coração foi conquistado pelo desejo de reerguer Jerusalém e o dia em que ele pediu permissão e respaldo ao rei Artaxerxes, seu líder, para cumprir aquela missão, passaram-se quatro meses. Não era indolência, tampouco covardia. Neemias usou o tempo, de dezembro a abril, numa incessante busca de oração e jejum, além de ocupar-se com o planejamento estratégico de sua tarefa. Quando o rei lhe deu a chance de manifestar-se, ele tinha a convicção, o roteiro, a lista de necessidades e o prazo definido para alcançar sua meta (leia Neemias 2:3-8). Não era só uma paixão, era uma visão!

Muita gente confunde ímpeto com improviso e por isso fracassa. Líderes que não aprendem a arte de "esperar confiantemente no Senhor" com muita facilidade queimam etapas no afã de verem as coisas acontecendo. Há tempo para todo propósito debaixo do sol. Precisamos respeitar os processos de maturação de uma visão, assim como entender muito bem como vamos desempenhá-la, antes de sairmos para a tarefa de influenciar outros. Se soubermos o que fazer e estivermos sincronizados com o *kairós* de Deus, nossa probabilidade de sucesso será bem maior.

Além de ser apaixonado pela visão que recebera de Deus e de revelar uma extrema capacidade para o planejamento, Neemias deveu seu êxito à humildade de cercar-se de toda cobertura disponível. Tendo concebido a visão, tendo buscado seriamente a Deus com jejuns e lágrimas, tendo calculado da maneira mais exata possível os custos e as necessidades de sua missão, ele aguardou o momento certo de buscar no rei Artaxerxes o respaldo de que precisava (leia Neemias 2:1-9).

Alguns podem imaginar que essa postura de Neemias se deveu apenas ao fato de que ele fosse uma espécie de escravo e, portanto, não tivesse como voltar a Jerusalém se isso não lhe fosse permitido pelo rei. De certa forma é verdade, mas eu vejo muito mais do que uma sujeição compulsória na postura dele. Neemias buscou mais do que a permissão de Artaxerxes. Buscou sua cobertura e respaldo. Ao pedir que o rei lhe desse cartas e material para a obra (leia

Neemias 2:78), estava, na verdade, querendo agregar à sua bagagem ministerial o poder de alguém que era maior do que ele.

Esse é um princípio importante e muito pouco entendido. Geralmente, as pessoas pensam no líder de expressão como uma estrela de grandeza maior, autossuficiente, ao redor da qual gira todo mundo. No entanto, verdadeiros influenciadores, especialmente no contexto cristão, devem cercar-se de outros e até submeter-se a gente que tenha uma medida maior de graça a fim de levar consigo o respaldo, não só de um chamado de Deus (que é o mais importante), mas de pessoas que operam em maior nível de poder e autoridade. Embora seja um termo desgastado em muitos arraiais, costumo chamar isso de "cobertura" e estou seguro de que ela faz muita diferença, não só na dimensão espiritual, mas também na dimensão natural.

Antes de sair a influenciar os habitantes de Jerusalém com sua visão, Neemias se expôs à influência de Deus (buscando-o em jejum e oração) e exerceu influência sobre seu próprio líder, o rei Artaxerxes. Sei que esse também é um conceito pouco explorado, mas o fato de estarmos em submissão a outras pessoas não significa que não possamos ser fonte de uma visão e até influenciá-las com aquilo que Deus plantou em nosso coração. Aliás, desde que o façamos com a postura e o coração corretos, esse será o caminho mais viável para o nosso progresso. Talvez o único.

A vida está cheia disto: mulheres que têm um sonho de Deus, mas só o realizarão se conquistarem seus maridos para o mesmo propósito; filhos que dependem da bênção de seus pais; empregados que precisarão ganhar o respaldo de seus chefes ou patrões; ministros que só avançarão no chamado se trouxerem seus discipuladores para os projetos que têm... E como fazer isso, sem ultrapassar a linha da submissão?

Neemias, antes de tudo, conquistou o coração do rei com seu testemunho. Para ousar pedir o nível de respaldo que precisava, ele andou por um longo tempo em fidelidade. O relato bíblico revela o conceito que ele havia adquirido diante de seu líder:

> estava posto vinho diante dele, e eu tomei o vinho e o dei ao rei; porém nunca, antes, estivera triste diante dele. E o rei me disse: Por que está triste o teu rosto, pois não estás doente? Não é isso senão tristeza de coração (Neemias 2:1-2).

Embora vivesse cativo naquele reino, Neemias servia sempre com alegria, tinha a confiança do rei ao ponto de tornar-se seu copeiro (aquele que experimentava os alimentos antes, para evitar envenenamentos) e por tal testemunho, obteve a simpatia de seu líder, chegando ao ponto deste se preocupar com sua aparente tristeza. Uma lição: conquistamos cobertura pela fidelidade e pela disposição de servir alegremente.

O segundo segredo de Neemias para conquistar o respaldo de que precisava foi expor sem tentar impor seus sentimentos ao rei. Tanto que ele esperou a ocasião correta (embora isso lhe fosse muito penoso) e, sendo-lhe dada a oportunidade, colocou primeiro seus motivos (veja v. 3), depois seus planos (v. 5-6) e, finalmente, suas necessidades (v. 7-8). Tudo isso ele fez sem "forçar a barra", confiando que Deus regeria todo o processo (veja o fim do v. 4). Sua sujeição à palavra final do líder que o cobria ficou explícita em expressões como "se é do agrado do rei" (v. 5) e "se ao rei parece bem" (v. 7). Assim, Artaxerxes o abençoou.

Com essa postura, Neemias marchou para Jerusalém cheio de respaldo. Lá, ao reunir o povo para convertê-lo à visão, este tornou-se um dos seus principais argumentos: "Então, lhes declarei como a mão do meu Deus me fora favorável, como também as palavras do rei, que ele me tinha dito" (Neemias 2:18). Isso me fez entender uma coisa: o líder que tem cobertura influencia muito mais!

Neemias concluiu sua obra em tempo recorde. Só conseguiu fazê-lo por agregar junto de si um povo comprometido, gente que ele não encontrou preparada, mas que forjou pelo poder de sua influência.

A TRANSFORMAÇÃO PRECISA DE UM LÍDER

Profetizei como ele me ordenara, e o espírito entrou neles, e viveram e se puseram em pé, um exército grande em extremo.
EZEQUIEL 37:10

"Um exército grande em extremo." Esse é o sonho que deveria povoar a mente de todo líder cristão. Pouca coisa pode representar tão bem a igreja dos sonhos de Deus quanto a figura de um enorme exército. Conceitos como espírito de conquista, ordem, unidade e fidelidade a uma visão de expansão cabem bem nessa imagem. E foi isso que Deus plantou no coração de todos aqueles que um dia compreenderam a dimensão do seu propósito.

A grande questão é o processo que produz essa conquista. Não se acha um exército pronto nem se compra um num supermercado. Para levantarmos uma multidão de conquistadores, precisaremos entender e investir no processo.

Davi foi o maior conquistador da história de Israel. Seu segredo? Um exército formado por valentes. O reino de Davi nunca prosperaria como prosperou se não fossem "os valentes de Davi", que eram a nata do exército de Davi. E onde ele os achou? Na caverna de Adulão. E quando os achou, eles não eram um exército, mas um bando de homens destruídos, de ossos sequíssimos (leia 1Samuel 22:1-3).

A experiência de Ezequiel, narrada em Ezequiel 37:1-10, vista em paralelo com o processo em que grandes líderes como Davi ou

Jesus formaram seus exércitos de valentes, pode ensinar-nos muito sobre como podemos alcançar êxito na mesma visão.

Antes de mais nada, deixe-me dizer algo a você: não se intimide com o ambiente onde Deus plantou você! Muitos líderes não prosperam porque convertem seus corações à história do lugar onde foram posicionados. Estão sempre desculpando-se na dificuldade daquele cenário e, assim, em vez de alimentarem a fé, justificam a incredulidade.

Plantei uma igreja em Ribeirão Preto, São Paulo, e a tenho pastoreado por muitos anos. Por alguma razão alheia ao meu controle, Deus me levou a começar a obra num bairro de gente simples e considerado por muito tempo o mais violento da cidade, o Ipiranga. Isso tem mudado paulatinamente pela presença da igreja, mas me lembro de que, em certa ocasião, ainda nos anos iniciais do meu pastorado, um líder amigo me disse: "Danilo, você tem um ministério forte, uma palavra inteligente que pode alcançar gente rica. Por que você não vai para uma zona mais nobre? Você não pensa em mudar-se do Ipiranga?". Minha resposta foi de bate-pronto: "Meu irmão, a menos que Deus me diga algo diferente, meu propósito é dar tudo o que eu tenho para mudar o Ipiranga e não me mudar daqui". Um verdadeiro líder não se intimida com o cenário à sua volta. Pessoas são preciosas para Deus em qualquer lugar e condição.

O texto de Ezequiel diz que a mão do Senhor o pôs num vale cheio de ossos. O ambiente era tenebroso e inóspito, mas não influenciou a fé do profeta. Foi ali, naquele lugar de esterilidade, que Deus o usou para levantar um poderoso exército.

Os grandes líderes são pessoas que não aceitam imposições históricas. Pessoas fadadas ao fracasso sempre se desculpam naquilo que veem como dificuldade. Dizem "minha cidade é pequena demais", "minha cidade é grande demais", "nenhuma visão funciona aqui", "o povo desse lugar é muito difícil" e coisas do gênero. E tudo pode ter um fundo de verdade. Porém, os que levantam grandes exércitos creem que alguém pode mudar a história e dispõem-se a ser esse alguém.

Deus recebe maior glória quando acontece o improvável. Ninguém esperava nada da Galileia, mas foi ali que Jesus levantou os seus apóstolos. O que podia nascer da caverna de Adulão? Não era uma academia militar, mas foi ali que Davi forjou seus valentes. Se você quer que algo novo aconteça, pare de falar do que sempre foi e comece a crer pelo que será!

Outro grande segredo é não se impressionar com o estado original das pessoas que Deus coloca em suas mãos. Ezequiel tinha diante de si ossos sequíssimos. Davi tinha homens problemáticos, amargurados de espírito e endividados. Jesus tinha galileus sem pedigree. Nada diferente do que você encontra na maioria das pessoas que chegam à igreja. Porém, os líderes destinados ao sucesso são aqueles que têm a capacidade de ver as pessoas sob a ótica do discipulado e do poder de Deus.

Se você conhecesse a intimidade passada de alguns dos líderes que fazem o meu ministério acontecer, ficaria assustado. Eu tive de acreditar em alguns dos meus discípulos quando nem eles conseguiam acreditar em si mesmos. Alguns estavam destruídos moralmente. Outros não confiavam mais em pastores e igrejas. Alguns, devido à falta de frutos, duvidavam do próprio ministério. No entanto, eu decidi olhar para eles, não sob essa ótica, mas com os olhos da fé.

Acreditar no potencial das pessoas sob a ação do treinamento, da Palavra e da unção é uma marca dos líderes de influência. Ache uma equipe de valentes e você descobrirá por trás dela um líder que acredita na reversão dos fracassos. Ninguém encontra homens prontos para compor um exército. Eles têm de ser forjados. Se Davi enxergasse apenas pessoas problemáticas entre aqueles quatrocentos homens, não teria investido neles. Davi viu valentes. Era só uma questão de tempo e de trabalho.

A terceira grande mensagem dessas experiências bíblicas é a seguinte: faça do relacionamento a sua chave de conhecimento e conquista.

Ezequiel andou no meio dos ossos secos. Jesus chamou doze homens para o acompanharem. Davi conviveu com aqueles quatrocentos fracassados da caverna de Adulão e se fez chefe deles.

Líderes distantes não conseguem falar ao coração dos discípulos. O formalismo, as "berlindas" religiosas, a falta de comprometimento e de disposição para se relacionar têm sido motivos de fracasso para muitos homens chamados por Deus.

Ande no meio dos ossos secos! Você precisa conhecer o estado deles para amá-los. Sempre que Jesus fazia um milagre, era movido por compaixão. Porém, a compaixão só é ativada pela proximidade. Talvez por isso, o Senhor tenha nos mandado amar o próximo. Amar o distante é impossível.

Ande no meio dos ossos secos. Eles precisam de uma inspiração na vida. Pessoas fracassadas não conseguem crer, até que vejam uma referência de sucesso. Sem relacionamento, você pode até ser um mito, mas nunca será um restaurador de pessoas.

O CAOS É CAOS ENQUANTO NÃO HÁ GOVERNO

Disse-me ele: Profetiza a estes ossos e dize-lhes: Ossos secos, ouvi a palavra do Senhor.
Ezequiel 37:4

Vidas transformadas pelo discipulado farão por seus líderes e, especialmente pela visão que receberam, o que ninguém faz. Talvez você não entenda por que homens arriscaram suas vidas para levar um copo d'água a Davi, mas quando eles eram uma gangue de fracassados na caverna, foi Davi que andou no meio deles e lhes deu uma visão pela qual valia a pena viver e morrer. Isso também aconteceu com os apóstolos de Jesus, para quem o martírio era uma honra. Homens gratos, que voltaram a viver pela influência de líderes visionários, pagam qualquer preço pela visão que os transformou.

Para fazer de um bando de gente problemática um exército numeroso e poderoso, o líder precisa concordar com Deus acerca de uma visão. A expressão de Ezequiel ao dizer "Senhor, tu o sabes", diante da pergunta "poderão reviver esses ossos?", foi um sinal de submissão e concordância. Ele estava assumindo Deus como fonte da visão. Ezequiel não tinha formas preconcebidas nem resistências. Estava disposto apenas a crer e a mover-se no que o Senhor quisesse.

O fracasso de muitos líderes se dá pelo fato de que não entraram em acordo com Deus sobre uma determinada visão. Eles vivem de modismos, de tentativas, de influências humanas e passageiras. Quando, porém, um homem entende que uma visão nasceu de Deus, ele não tem outra alternativa a não ser mover-se nela pela fé. Portanto, se Deus falou algo, se deu um projeto, não discuta, não racionalize. Faça!

Você foi chamado para fazer discípulos. Assuma a liderança e quebre o poder da letargia. A passividade determina a perpetuação do *status quo*. A atitude do líder é fundamental para que haja mudanças. Davi se fez chefe daquele bando, Ezequiel assumiu o comando de uma transformação, Jesus chamou os discípulos para seguirem com Ele. Sem a ação da liderança, nada muda. Sem governo, não há transformação!

O líder que não governa é governado pelas circunstâncias. Haverá sempre fortes argumentos para que as coisas se mantenham como estão. O verdadeiro homem de Deus quebra o silêncio do seu vale com uma direção profética.

Imagine o silêncio daquele vale cheio de ossos sequíssimos! Tenebroso, não? Contudo, Deus mandou Ezequiel profetizar aos ossos, dizer-lhes como e no que seriam transformados.

É fundamental alimentar aqueles que Deus nos dá com uma visão. Profetize em todo o tempo aquilo que eles serão, ainda que a situação visível seja oposta. Use como fonte a Palavra do Senhor e desenhe na mente dos seus discípulos o que eles virão a ser em Deus.

A princípio, o que você falar vai parecer uma grande "viagem", mas persevere. Não desista de profetizar sobre o que seus discípulos serão, mesmo quando a realidade lhe faça parecer um tolo. É a palavra que gera fé! A única maneira de fazê-los crer em algo novo é insistir em falar.

Líderes de sucesso sabem gerar em seus discípulos "saudades do futuro". Uma equipe que não espera nada novo do amanhã é uma equipe sequestrada pela morte. Fale sempre onde Deus quer levá-los. E corra à frente!

A Bíblia diz sobre Ezequiel: "Então profetizei como se me deu ordem. E houve um ruído, enquanto eu profetizava; e eis que se fez um rebuliço, e os ossos se achegaram, cada osso ao seu osso" (Ezequiel 37:7). Há um alerta aqui para todo aquele que quer ser relevante na tarefa de formar valentes: resista à desistência nos tempos de rebuliço. Sim, porque haverá períodos de conflito e de perturbação.

Até que cada um encontre o seu lugar e que a palavra dê seu resultado pleno, haverá muito barulho, poeira e agitação. O desafio do discipulado não é um mar de rosas, mas um vale de ossos secos entrando em choque. Não se assuste nem se amedronte. Continue a profetizar!

A quebra de um paradigma só se dá por crise. Nada muda se não houver desconforto. Muitos líderes não conseguem levantar grandes exércitos porque não querem incomodar os seus "ossos secos". O medo de perder os impede de ganhar!

Quando Jesus aprofundou sua pregação e cobrou aliança de quem só queria ver milagres, muitos o abandonaram. É o que diz a Bíblia. Apesar disso, Ele não saiu correndo atrás dos que não queriam aliança nem mudou o seu projeto, pois sabia que valentes são formados sob pressão.

Como líder-modelo, Jesus não deu lugar ao melindre nem se desestabilizou quando pessoas reagiram mal a seu posicionamento. Se vai haver mudança, vai haver rebuliço. Sustente a sua profecia e Deus fará o resto.

CAPÍTULO 13

Só crentes determinados podem mudar o mundo

Os números da religião no Brasil trazem dados bastante preocupantes. Em que pese a população evangélica estar aumentando rapidamente, com indícios de que logo se tornará maioria, cresce rapidamente também a quantidade de desviados e daqueles que se identificam como evangélicos, mas não frequentam nenhuma igreja.

Creio que o principal motivo gerador dessa tendência seja a qualidade do evangelho que está sendo pregado no Brasil e na América Latina de uma forma geral. Por falta de raízes profundas, muitas pessoas passam pela fé, mas não permanecem.

Temos de rever nossa forma de ser e fazer discípulos. Desde os primeiros passos no caminho, é preciso adquirir compreensão do que realmente envolve o chamado cristão. Quando olhamos para a igreja primitiva, vemos que, de uma forma geral, os crentes eram *determinados*, mesmo em face de duras perseguições.

A não ser que reneguemos o falso evangelho de facilidades e marketing que se prega hoje, podemos vacinar toda uma geração contra a fé, pela inconsistência daqueles que a professam. É preciso recuperar a essência do discipulado para que a igreja cumpra sua missão final neste mundo.

O PODER DE UM ENCONTRO COM JESUS

Como antes temos dito, assim agora de novo, se alguém vos pregar um evangelho além do que recebestes, seja anátema.
Gálatas 1:9

Paulo é um grande exemplo de como se formam crentes *determinados*. Sua conversão e os alicerces que foram plantados no início de sua carreira na fé podem nos ajudar a compreender por que os cristãos primitivos tinham tão mais fibra e raiz do que os atuais. Para essa percepção, eu sugiro que você leia Atos 9:1-19. Nesse texto, você encontrará as circunstâncias da conversão de Paulo e os fundamentos que ele recebeu ainda no começo de sua jornada cristã. Essas bases o transformaram de um homem de conversão improvável em um crente radicalmente comprometido.

Em primeiro lugar, Paulo (na ocasião ainda conhecido como Saulo de Tarso) teve um encontro pessoal com Jesus Cristo. A experiência dele não foi com uma doutrina ou uma religião, mas com uma pessoa que o conhecia pelo nome e tinha um plano desenhado para sua vida.

Grande parte daqueles que se convertem hoje não é levada a uma vida de relacionamento e intimidade com o Senhor. Eles simplesmente impressionam-se com um ambiente litúrgico, com promessas de prosperidade fácil, com um novo círculo de amizades e, mesmo no caso de grupos que praticam o discipulado pessoal, não são estimulados a uma vida de oração e ao encontro com Deus por meio da Palavra. Assim, sem vida devocional, ficam doentiamente dependentes de pessoas e das estruturas religiosas.

A primeira coisa que Saulo aprendeu depois de convertido foi orar. Por três dias depois de encontrar o Senhor, esteve em jejum e oração, práticas que nunca se apartaram de sua vida desde então. Ele sabia que a luz que lhe aparecera no caminho e a voz que ouvira não provinham de uma coisa ou de uma força, mas de uma pessoa divina em busca de relacionamento, Jesus Cristo.

A segunda grande verdade que fez desse homem um cristão inabalável foi a revelação do senhorio de Cristo. Sua primeira reação diante do encontro com o Filho de Deus, ainda sem entender muitas coisas ou mesmo identificá-lo plenamente, foi reconhecer e confessar o senhorio dele. Suas palavras foram: "Quem és tu, Senhor?" (leia v. 5).

Hoje costumamos chamar pessoas de "senhor" apenas por respeito, formalidade ou educação, mas naquele contexto, o termo significava amo, dono, aquele que tem direito de propriedade sobre alguém. Em outras palavras, admitir que Jesus é o Senhor significava para Saulo e todos os crentes de sua época assumir a condição de seus servos ou escravos. E o direito do escravo é apenas obedecer!

Por que temos hoje uma multidão de crentes cheios de vontade, de caprichos pessoais, e capazes de romper alianças pelos motivos mais banais? Porque não entenderam ou não foram ministrados sobre o senhorio de Cristo. Assim, cada um continua dono do seu próprio nariz e, em muitos casos, há uma inversão tão terrível de valores que Jesus passa a ser tratado como servo do homem e mera fonte de satisfação dos seus desejos.

Hoje em dia, via de regra, o evangelho que vemos sendo pregado na mídia e nos púlpitos apresenta Jesus como tudo, Salvador, Abençoador, Curador, Provedor, menos como Senhor.

Afinal, essa faceta não dá tanto "ibope" quanto as outras.

O chamado do verdadeiro evangelho é para morrermos, para entregarmos nossa vontade e submeter-nos à vontade de Deus, custe o que custar. Jesus disse que não podemos segui-lo, a não ser que tomemos a nossa cruz a cada dia. Isso significa renunciar nossas vontades e pensamentos para acatar com o que está na Palavra e no coração do Senhor.

Saulo, antes de converter-se, era um homem cheio de conhecimento, cheio de convicções religiosas e cheio de si. O Senhor teve de apagar suas luzes interiores para plantar nele uma nova mentalidade. Por três dias, ele esteve literalmente cego e, quando voltou a enxergar, sua cosmovisão estava mudada, pronta para ser direcionada única e exclusivamente pela Palavra de Deus.

Precisamos tomar a decisão de morrer para nós mesmos e levar os nossos discípulos a fazerem o mesmo. Enquanto não fizermos isso, teremos raízes curtas e seremos desarraigados pela menor das provações. Crentes *determinados* entendem, acima de tudo, que foram comprados por alto preço e suas vidas não mais lhes pertencem.

JESUS E A IGREJA SÃO INSEPARÁVEIS

Ele perguntou: Quem és tu, Senhor? E a resposta
foi: Eu sou Jesus, a quem tu persegues.
Atos 9:5

Sigamos tomando o exemplo de Saulo de Tarso, alguém que passou da improbabilidade da fé para a condição de apóstolo, discípulo *determinado* de Cristo. Embora ele seja um exemplo muito especial, pode representar muito bem a fibra dos primeiros cristãos, dispostos a pagar qualquer preço para seguirem no caminho.

Que bases havia naquela geração que não conseguimos encontrar com facilidade hoje? Para eles, não se tratava de uma nova religião, mas da descoberta do Senhor que os governaria pelo resto da vida. Foi na condição de servo de Cristo que Paulo tornou-se um crente inabalável, mesmo diante da morte.

Uma revelação fundamental que esse homem recebeu ainda no início da sua carreira cristã foi a de que Cristo e a igreja são inseparáveis. Não dá para estar em um sem estar no outro. Aquele que o confrontou no caminho de Damasco apresentou-se da seguinte forma: "Eu sou Jesus, a quem tu persegues" (leia v. 5). Ora, é sabido que Saulo nunca tinha se encontrado com Jesus e que, de fato, ele perseguia duramente a igreja. Ele participou do martírio de Estevão e, na ocasião do encontro com Jesus, portava uma autorização para prender e levar cativo à Jerusalém qualquer cristão que encontrasse em seu caminho. Ao apresentar-se como aquele a quem Saulo perseguia, Jesus revela a ligação indissolúvel que tem com a igreja. Essa conexão é tão inseparável quanto a relação entre a cabeça e o corpo, metáfora amplamente usada pelo próprio Paulo em seus ensinos como apóstolo, tempos depois.

Hoje em dia vivemos a incoerência do número crescente de "cristãos sem igreja", como se isso fosse possível. Grande parte dos crentes atuais frequenta uma comunidade apenas na perspectiva de um clube religioso do qual podem desfrutar pelo tempo que lhes interessar. E se alguma coisa os desagrada, com a mesma atitude superficial com que chegam, são capazes de sair, sem ao menos sentir algum peso na consciência.

Precisamos rever os nossos conceitos. Estar ligado à igreja, de forma prática e profunda, é condição essencial para que a vida de Deus permaneça em alguém. Pode parecer forte, mas não existe vida fora do corpo de Cristo. Tente amputar um membro e mantê-lo vivo por muito tempo. Impossível!

Alguém pode argumentar que o corpo de Cristo é místico e que o termo refere-se simplesmente à designação dada ao conjunto de todos aqueles que creem no Senhor, em toda época e lugar. No entanto, isso é apenas parte da verdade. Basta estudar um pouco o Novo Testamento para perceber que as relações entre os membros desse corpo devem ser bastante práticas e obedecer uma ordem funcional. Aliás, uma parcela imensa das instruções e dos mandamentos deixados no Novo Testamento só fazem sentido ou só podem ser praticados no contexto de uma comunidade local de cristãos. Ou seja, para admitirmos como opção aceitável o exercício de um "cristianismo sem igreja", precisaríamos jogar no lixo boa parte das Escrituras Sagradas.

É bom que se saiba que, ao referir-me à igreja, não estou falando necessariamente de uma entidade jurídica ou organização oficial. Se formos à China ou à Índia, encontraremos uma igreja pujante e grande parte dela não é oficial, ou seja, não é legalmente organizada. Nesses casos, não há templos nem "CNPJ". Ainda assim, seus membros vivem debaixo de aliança (com Cristo e entre si), submetem-se a códigos de ensino e ética específicos baseados na Bíblia e organizam-se debaixo de hierarquia espiritual. Isso é igreja.

Enquanto a necessidade de permanecer ligados, de andar em unidade e submissão numa comunidade local, não estiver profundamente arraigada na alma de cada um de nós e dos discípulos que formamos, continuaremos a ver o triste crescimento das estatísticas que destacam "ex-evangélicos" os crentes "desigrejados". Essa é uma aberração dos dias atuais que precisamos combater.

FIBRA PARA SUPORTAR OS SOFRIMENTOS DA FÉ

Mas o Senhor lhe disse: Vai, porque este é para mim um instrumento escolhido... E eu lhe mostrarei quanto lhe importa sofrer pelo meu nome.
ATOS 9:16

Quando lemos o relato bíblico do ministério de Paulo, apóstolo do Senhor, e seus próprios testemunhos acerca do que teve que enfrentar por amor a Cristo, ficamos sempre impressionados. Mais ainda pelo fato de que ele, assim como os cristãos primitivos de forma geral, tinha como privilégio ser perseguido e sofrer por sua fé.

Só para que você se lembre do quão difícil foi o ministério desse apóstolo, leia suas próprias palavras:

> São ministros de Cristo? Eu ainda mais: em trabalhos, muito mais; muito mais em prisões; em açoites, sem medida; em perigos de morte, muitas vezes. Cinco vezes recebi dos judeus uma quarentena de açoites menos um; fui três vezes fustigado com varas; uma vez, apedrejado; em naufrágio, três vezes; uma noite e um dia passei na voragem do mar; em jornadas, muitas vezes; em perigos de rios, em perigos de salteadores, em perigos entre patrícios, em perigos entre gentios, em perigos na cidade, em perigos no deserto, em perigos no mar, em perigos entre falsos irmãos; em trabalhos e fadigas, em vigílias, muitas vezes; em fome e sede, em jejuns, muitas vezes; em frio e nudez. Além das coisas exteriores, há o que pesa sobre mim diariamente, a preocupação com todas as igrejas" (2Coríntios 11: 23-28).

Ufa! Esse breve e incompleto resumo do que custou a Paulo servir a Cristo é de tirar o fôlego. A maioria de nós teria desistido por muito menos.

Na verdade, Paulo, assim como toda aquela primeira geração de cristãos, recebeu um evangelho bem diferente do que costumamos ouvir hoje. O chamado envolvia tribulação e isso ficava claro a qualquer um que se convertesse. O próprio Paulo, ainda quando estava recebendo o bê-á-bá da fé, compreendeu essa verdade. Ao enviar Ananias para consolidá-lo, ainda novo convertido, o Senhor colocou a seguinte verdade entre as lições que ele teria de aprender: "Eu lhe mostrarei o quanto lhe importa sofrer pelo meu nome" (Atos 9:16).

Um dos motivos pelos quais o número de desviados em países como o Brasil cresce no compasso veloz do evangelismo que a igreja pratica é o fato de que o evangelho pregado em nossos dias não ensina as pessoas a sofrer.

Na verdade, o que se passa adiante é a ilusão de que a fé anulará os problemas. Os crentes são ensinados a prosperar, a serem felizes, a terem o carro do ano, a casa própria, a saúde perfeita... Essa mensagem soa como música para os ouvidos e atrai grandes multidões, que passam a acreditar que o chamado cristão é para uma vida fácil e sem sacrifícios, navegando nas ondas da bênção.

O resultado dessa pregação isenta da dor é uma igreja cheia de crentes frágeis, escravos dos próprios caprichos e despreparados para as lutas que certamente virão.

O que estou advogando aqui não é a busca pelo sofrimento, como se por si só ele fosse uma expressão nobre da fé, nem que reneguemos as promessas de prosperidade, vitória sobre a enfermidade e tudo o mais que podemos conquistar no Senhor. O que quero dizer é que devemos nos preparar para as conquistas, sabendo que elas muitas vezes custarão preços altíssimos e que, eventualmente, aquilo que almejamos da parte de Deus não acontecerá, ou pelo menos não acontecerá da maneira que projetamos.

Se quisermos ser e formar discípulos *determinados*, precisamos aprender a vencer as tribulações (e, muitas vezes, vencer as tribulações significa suportá-las). A teologia que só fala da bênção não serve para os momentos difíceis, porque deixa as pessoas confusas e cheias de dúvida no "dia mau". Afinal, elas aprenderam que a presença de Deus anula o sofrimento e, se estão sofrendo, onde estará esse Deus?

Na verdade havia muitos argumentos teológicos consistentes na vida de Paulo, das primeiras gerações de cristãos e, ainda hoje, na de muitos irmãos nossos que permanecem fiéis, mesmo diante da morte. Gente assim se fortalece com verdades bíblicas que não costumam ser pregadas na maioria dos púlpitos modernos. Uma delas é a que o sofrimento é uma maneira de nos identificarmos com Cristo. Paulo dizia que as perdas eram uma maneira de ele conformar-se com Cristo na sua morte (leia Filipenses 3:8-11). Ele chegou a dizer: "Pelo que me regozijo nos meus sofrimentos por vós; e preencho o que resta das aflições de Cristo, na minha carne" (Colossenses 1:24). Em outras palavras, as dores nos tornam mais parecidos com o nosso Senhor.

Há muitos outros argumentos importantes nessa compreensão de que sofrer faz parte do chamado, verdades que podem nos sustentar e nos fortalecer em meio às tribulações. Um deles é o de que pessoas que sofrem juntas se amam mais (leia 2Timóteo 1:8 e Provérbios 17:17). Também de que, diante da eternidade e da glória que nos será revelada, nossas angústias aqui, ainda que intensas, terão sido "uma leve e momentânea tribulação" (leia 2Coríntios 4:17). Quem tem uma visão assim, ainda que esteja diante de grandes lutas, crê na promessa: "Pois te esquecerás dos teus sofrimentos e deles só terás lembrança como de águas que passaram" (Jó 11:16).

O VALOR DO CHAMADO E A UNÇÃO DO ESPÍRITO

Vai, porque este é para mim um vaso escolhido,
para levar o meu nome diante dos gentios,
e dos reis e dos filhos de Israel.
Atos 9:15

Já vimos que Paulo tornou-se um modelo em Deus por causa de verdades que foram estabelecidas nas raízes de sua experiência cristã, logo quando se converteu. Falamos da necessidade de experiência pessoal com Cristo, da revelação de seu senhorio (e consequentemente, de nossa completa sujeição a Ele), do entendimento de que Jesus e a igreja são inseparáveis e da consciência que a vida cristã inclui sofrimento e custa um preço alto. Convenhamos, tudo isso é bem diferente do evangelho "light" que se prega nos nossos dias e atrai uma multidão de crentes superficiais e sem aliança alguma.

Olhando para o relato dos primeiros versículos de Atos 9, vemos ainda dois grandes fundamentos que foram logo colocados na vida de Paulo. O primeiro deles foi a consciência de um chamado para o ministério. Quando Ananias, seu consolidador, ainda assustado com a notícia de sua conversão, questionava o Senhor, temeroso pelo currículo de perseguição aos crentes do novo convertido, a resposta de Deus foi: "Vai, porque este é para mim um vaso escolhido, para levar o meu nome diante dos gentios, e dos reis e dos filhos de Israel" (Atos 9:15).

Paulo já nasceu na fé sabendo que o propósito de Deus era usá-lo na propagação do evangelho. É claro que, no caso dele, esse chamado era bem específico e profundo, mas não pense que essa consciência era privilégio de alguns poucos cristãos. Antes de ser romanizada, a igreja tinha uma forte percepção de ministério. Não havia separação entre leigos e clero. Todos entendiam que o chamado era para, mais do que ser abençoado, abençoar.

Em nossos dias, muitos vêm para a igreja apenas pensando em receber e não são desafiados e treinados para o ministério cristão. Isso, além de atrasar a expansão do reino de Deus na Terra, transforma a igreja numa espécie de "creche" onde ninguém almeja crescer e servir.

É muito importante que, desde a conversão, as pessoas sejam conscientizadas e desafiadas a envolverem-se com a obra de Deus, especialmente na tarefa de pregar o evangelho e fazer discípulos. É preciso introduzir o quanto antes os novos convertidos num programa prático de treinamento e mostrar-lhes que servir ao Senhor é, não um peso, mas um grande privilégio. Isso ajudará muito a transformá-los em cristãos maduros, comprometidos e frutíferos.

O outro fundamento importante na vida de um crente *determinado* é a unção. Quando Ananias viu Paulo pela primeira vez, suas palavras foram: "Irmão Saulo, o Senhor Jesus, o mesmo que te apareceu no caminho por onde vinhas, me enviou, para que tornes a ver e sejas cheio do Espírito Santo" (Atos 9:17). Não resta nenhuma dúvida, portanto, de que o batismo no Espírito deve ser ministrado no contexto da consolidação de um novo crente e depois cultivado por uma busca constante.

Muito da culpa pelos tantos desviados que a igreja hodierna produz deve ser debitada da falta de ênfase nesse detalhe. Dizem por aí que "saco vazio não para em pé". Eu diria que crente vazio também não. É preciso ministrar a unção e cultivá-la.

Paulo tornou-se um crente poderoso no Senhor. Era instruído, percebe-se sua profundidade na busca pelo conhecimento espiritual, mas ele não baseou seu ministério somente no intelectualismo religioso. De alguma maneira, esse homem entendeu as palavras de Jesus: "Errais não conhecendo as Escrituras e o poder de Deus" (Mateus 22:29) e buscou conciliar a compreensão da teologia com a unção. Por isso, sua vida tornou-se uma busca constante, ao ponto dele poder testemunhar depois: "Não estive entre vós com palavras de persuasão humana, mas em demonstração, Espírito e de poder" (1Coríntios 2:4).

Mesmo diante de uma igreja ultrapentecostal como a de Corinto, na qual as pessoas "faziam fila" para profetizar e o exercício dos dons era pródigo, Paulo podia dizer: "Dou graças a Deus porque falo em línguas mais do que todos vós" (1Coríntios 14:8). Isso é uma clara demonstração de que o exercício da unção em sua vida era intenso e disciplinado. Em suas convicções pessoais, foi estabelecida a verdade de que "a letra mata, mas o espírito vivifica" (2Coríntios 3:6). E tudo começou com um consolidador chamado

Ananias, que um dia impôs as mãos sobre ele e mostrou-lhe a importância de ser e viver cheio do Espírito Santo.

Creio que precisamos resgatar esses fundamentos em nossas vidas e em nossa tarefa de fazer discípulos. Se nos dedicarmos a essas coisas com diligência, conseguiremos estancar o êxodo que existe na igreja e nos levantaremos como um povo poderoso em Deus, capaz não apenas de permanecer firme na fé, mas de transformar a fibra moral de uma geração tão corrompida como a nossa. Crentes *determinados* têm mais condições de serem crentes irresistíveis.

Sua opinião é importante para nós.
Por gentileza, envie-nos seus comentários pelo e-mail:

editorial@hagnos.com.br

Visite nosso site:

www.hagnos.com.br